U0459788

基于价值逻辑的商业模式
与企业绩效关系研究

Research on the Relationship Between Business Model
on the Basis of Value Logic and Enterprise Performance

张佳悦　著

中国财经出版传媒集团

经济科学出版社
Economic Science Press

·北 京·

图书在版编目（CIP）数据

基于价值逻辑的商业模式与企业绩效关系研究/张佳悦著. -- 北京：经济科学出版社，2023.9
ISBN 978 - 7 - 5218 - 4999 - 8

Ⅰ. ①基… Ⅱ. ①张… Ⅲ. ①商业模式 - 关系 - 企业绩效 - 研究 Ⅳ. ①F71②F272.5

中国国家版本馆 CIP 数据核字（2023）第 147680 号

责任编辑：于　源　冯　蓉
责任校对：杨　海
责任印制：范　艳

基于价值逻辑的商业模式与企业绩效关系研究
张佳悦　著
经济科学出版社出版、发行　新华书店经销
社址：北京市海淀区阜成路甲 28 号　邮编：100142
总编部电话：010 - 88191217　发行部电话：010 - 88191522
网址：www. esp. com. cn
电子邮箱：esp@ esp. com. cn
天猫网店：经济科学出版社旗舰店
网址：http://jjkxcbs. tmall. com
北京密兴印刷有限公司印装
710 × 1000　16 开　13 印张　181000 字
2023 年 9 月第 1 版　2023 年 9 月第 1 次印刷
ISBN 978 - 7 - 5218 - 4999 - 8　定价：52.00 元
（图书出现印装问题，本社负责调换。电话：010 - 88191545）
（版权所有　侵权必究　打击盗版　举报热线：010 - 88191661
QQ：2242791300　营销中心电话：010 - 88191537
电子邮箱：dbts@ esp. com. cn）

目　录

第 1 章　绪论 …………………………………………… 1

1.1　研究背景 ………………………………………… 1

1.2　研究问题与研究意义 …………………………… 4

1.3　技术路线与研究内容 …………………………… 6

1.4　研究方法 ………………………………………… 8

1.5　创新点 …………………………………………… 9

第 2 章　文献综述 ……………………………………… 12

2.1　商业模式的相关研究 …………………………… 12

2.2　企业绩效的相关研究 …………………………… 29

2.3　动态能力的相关研究 …………………………… 33

2.4　环境动态性的相关研究 ………………………… 37

2.5　研究述评 ………………………………………… 39

2.6　本章小结 ………………………………………… 41

第 3 章　理论基础与相关概念界定 ················· 42

　3.1　理论基础 ·· 42

　3.2　本书对相关概念的界定 ··························· 49

　3.3　本章小结 ·· 64

第 4 章　理论模型与研究假设 ····················· 65

　4.1　理论模型的构建 ·································· 65

　4.2　研究假设 ·· 68

　4.3　本章小结 ·· 78

第 5 章　研究设计与研究方法 ····················· 79

　5.1　问卷设计 ·· 79

　5.2　变量测量 ·· 80

　5.3　数据分析方法 ····································· 92

　5.4　预测试 ·· 94

　5.5　本章小结 ·· 109

第 6 章　实证分析 ······························· 111

　6.1　大样本基本情况与数据概况 ················· 111

　6.2　大样本信度与效度分析 ····················· 116

　6.3　假设检验 ·· 131

　6.4　结果与讨论 ····································· 149

　6.5　本章小结 ·· 154

第 7 章　结论与展望 ····························· 155

　7.1　研究结论 ·· 155

　7.2　管理启示 ·· 157

7.3　研究局限与未来展望 ···························· 159

附录 1　调查问卷 ·································· 162
附录 2　商业模式与企业绩效关系研究调查问卷（预测试） ········ 165
附录 3　商业模式与企业绩效关系研究调查问卷（正式问卷） ······ 172

参考文献 ·· 178

第 1 章

绪　　论

本章首先在介绍商业模式与企业绩效相关研究的现实背景和理论背景的基础上提出本书的研究问题并阐述了其研究意义，其次介绍了本书的技术路线、研究内容和研究方法，最后说明了本书的主要创新点。

1.1　研究背景

1.1.1　现实背景

伴随着网络技术的飞速发展以及各种新兴技术的不断涌现，企业的经营变得日益动态和复杂化。企业仅仅依靠技术、产品或服务等竞争手段已经很难在激烈的市场竞争中脱颖而出了，商业模式逐渐成为企业构建竞争优势和提升企业绩效的关键手段。许多企业凭借着互联网技术催生出来的独特商业模式获取巨大的成功，它们利用互联网改变了交易场所、拓展了交易时间、丰富了交易品类、加快了交易速度、减少了中间环节。加之新经济时代带来的基于知识经济的信息化和全球化，使得竞争环境和竞争方式发生了巨大的改变。现代管理学之父彼得·德鲁克说过："当今企业之间的竞争，不是产品之间的竞争，而是商业模式之间的竞争。"前时代华纳首席执行官迈克尔·邓恩说过："相对于商业模式而言，高科技反倒是次要的。在经营企业的过程中，商业模式比高科技更重要，因为前者是企业能够立足的先决条件。"哈佛大学教授迈克尔·波特说："没有不能赚钱的行业，只有赚不到钱的模式。"在国际商业机器公司（IBM）全球首席执行官（CEO）的研究报告中，参与调查研究的 765 名 CEO 中有 65% 认为他们所在的行业发生了根本性的变革，其中对商业模式非常重视并将其作为战略应对措施的企业的财务绩效表现是重视程度不高的企业的两倍，正如其中一位 CEO 解释的那样，"产品和服务是可以复制的，但是商业模式是与众不同的"①。因而，越来越多的企业界人士和专家学者都开始提出相似的见解：在新经济时代，商业模式是企业间竞争的关键要素之一，假如缺少一个有效的商业模式，企业的盈利能力没法获得复制和持续，那么就算企业能够获得一时的繁荣，这种趋势大多也只是昙花一现，终究还是会迈向衰落。因此，在快速变化、竞争激烈的市场中，企业构建何种商业模式来保持强大的竞争力、适应外部环境的快速变化、获得优异的企业绩效是至关重要的。

1.1.2 理论背景

商业模式最初来自对互联网经济时期电子商务（E-business）全新价值创造方式的表述。在越来越多的场合下，商业模式的设计、构建和创新成为摆脱困境、赢得竞争优势的关键因素，很多企业凭借新颖的商业模式开创了新的产业，这引起了学术界对商业模式研究热潮，并且呈现出逐年上升的发展趋势。

---

① IBM. Paths to Success：Three ways to innovate your business model ［R/OL］. https：//www. emerald. com/insight/content/doi/10. 1108/10878570710833732/full/html，2020 - 12 - 12.

研究者们对商业模式的持续兴趣反映在学术出版物的数量不断增加，以及商业模式作为企业实践成功的关键驱动力的相关研究（Martins et al.，2015），有迹象表明商业模式有可能取代战略，成为企业未来获得竞争优势的重要途径（Casadesus-Masanell & Ricart，2010）。关于商业模式的文献迅猛增长，也使得对商业模式定义、组成部分的研究由原来的高度零散、矛盾到现在的基本趋于一致（Morris et al.，2013），即商业模式描述了如何开展业务，它包括对利益相关者（如客户和合作伙伴）、他们的角色、对其他利益相关者的价值主张的描述，以及在组织层和网络层价值创造、价值交换和价值捕获的基本逻辑（Baden - Fuller & Morgan，2010；Al - Debei & Avison，2010；Zott et al.，2011；Fielt，2013）。但是，学术界对商业模式的认识仍然有限，研究范围和研究深度还有待加强。目前研究成果多集中在商业模式的构成要素、商业模式设计或商业模式创新等方面，而对蕴含于商业模式中能产生竞争优势来源的关键属性提炼不足，其结果在很大程度上导致学术界难以解释为什么有些颠覆性商业模式（价值创造和获取方面表现出颠覆性）能够成功而另一些却在竞争中失败（杨俊等，2018），同时也难以解释为什么大多数学者基于理论解释和文献梳理都认为商业模式能积极地影响绩效，但实证结果却始终难以得到一致性支持（Foss & Saebi，2017）。那么，究竟如何通过商业模式提升企业绩效成为理论界和实务界密切关注和亟须解决的问题。

因此，本书试图以商业模式属性动因为切入点，对商业模式与企业绩效的影响机理作深入研究，以期为企业商业模式实践和改善企业绩效提供理论依据和可行建议。

1.2 研究问题与研究意义

1.2.1 研究问题

一些企业尽管拥有难得的市场机遇、新颖的商业理念、充足的资源和有才能的企业家，但是经营还是失败了，一个可能的原因就是缺乏对商业模式本质以及其对企业绩效的作用机理的认识。现阶段，无论是实务界还是学术界都已认可商业模式对获取竞争优势和提高企业绩效的重要性，但是商业模式对企业绩效的作用机理仍然存在着大量未能解释的部分。一些学者已经意识到了，商业模式作为影响企业绩效的重要因素，只有具备特定属性的商业模式才会给企业带来绩效提升和竞争优势（Weill & Malone，2005；Zott & Amit，2010）。此外，在商业模式的研究文献中常常提及一些成功的商业模式案例，但是目前学术界仍未能清晰地解释，究竟什么样的商业模式是好的？好的商业模式具有哪些关键属性？商业模式的属性和企业绩效之间有什么的关系？是不是具备关键属性的商业模式能够使企业获得好的绩效？这些问题有待于学者们深入地研究。

本书依托回应"优秀的商业模式具有哪些共同的关键属性"这个本质问题，紧随商业模式相关研究的研究前沿，基于价值逻辑学说、价值链、价值网理论、商业生态系统理论和商业模式的冰山理论，探索商业模式、企业绩效、动态能力和环境动态性之间的作用关系。具体而言，本书将探讨以下三个研究问题：第一，能够给企业带来高水平绩效的商业模式是否有共同的属性，如果有那么这些共同的关键属性有哪些？第二，在商业模式各关键属性影响企业绩效的过程中，动态能力是否是影响商业模式实施的隐性知识，即动态能力能否作为中介变量在商业模式与企业绩效之间产生中介效应？第三，环境动态性是否会影响动态动力在商业模式对企业绩效关系里中介作用的效果？

1.2.2 研究意义

1. 理论意义

首先，本书根据商业模式的本质和内涵，从价值逻辑视角对其进行了概念的界定、维度的划分、结构模型的构建和关键属性的识别。在商业模式测量方面，已有研究成果中，大部分是以商业模式的结构开展测量，即对商业模式的构成维度或构成要素进行测量，还有一些文献是针对商业模式的不同类型进行测量，然而这些测量方法存在着一些局限性，比如未能从整体上对商业模式进行评价，一个成功的商业模式可能不会在所有的构成要素或维度都做到最好；相反，商业模式要素间或构成维度间有机的联系和整合也能创造出较大的价值。另外，大部分商业模式量表是直接采用或修改国外的经典量表，适用中国情景和经营环境的商业模式测量量表较少。因此，本书通过系统地对关键属性进行识别，科学、规范地对商业模式测量量表进行了再开发，为后续研究奠定了一定的基础。其次，本书拓展了商业模式冰山理论，将动态能力作为影响商业模式实施效果的隐性知识和企业外部环境动态性作为权变因素纳入商业模式与企业绩效的理论模型中，从"关键属性—能力—绩效"研究模型出发，探究商业模式、动态能力与企业绩效的关系，从而揭示了商业模式是如何通过显性知识和隐性知识影响企业绩效的作用机理，拓展了商业模式的冰山理论的理论边界。

2. 现实意义

在实践中，商业模式已经成为企业获取竞争优势和提升企业绩效的重要途径之一。但是商业模式在具体实施的过程中还会遇到很多问题，比如有些企业的商业模式非常新颖，但是却不能转化成有实际意义的经济收益，还有一些企业模仿了成功企业的商业模式，但却没有取得相似的成果。这些具体的实践问题说明，商业模式在影响企业绩效时发挥主要作用的关键属性和一些隐性的知识没有识别出来，以及一些影响经济成果转化的影响因素还需进一步探索。此外，不同的商业模式关键属性对企业绩效的影响程度也不同。企业需要根据自身的战略目标或市场定位，从不同方面对商业模式进行设计、构建或创新，以及结合企业自身拥有的资源和能力，塑造商业模式的关键属性。通过对商业模式影响企业绩效的机理研究，为管理者如何进行商业模式的设计、构建、实施或是创新，企业如何定位自己的商业模式，如何运用有限的资源和能力去进行商业模式的变革或创新，提供了建议和启示。

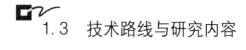

1.3 技术路线与研究内容

1.3.1 研究的技术路线

本书研究的技术路线如图 1 - 1 所示。

1.3.2 研究内容

本书从价值逻辑视角探究商业模式对企业绩效的影响关系，并考虑动态能力的中介作用和环境动态性的权变影响，在此基础上构建理论模型和提出研究假设，然后进行实证检验。本书一共分为七章，每章的具体内容如下：

第 1 章：绪论。首先介绍了研究背景，在了解现实背景和理论背景的基础上提出了研究问题，明晰了研究意义；然后介绍本书的技术路线和具体研究内容、研究方法，最后指出本书的可能创新之处。

研究步骤　　　　　　研究内容　　　　　　研究方法

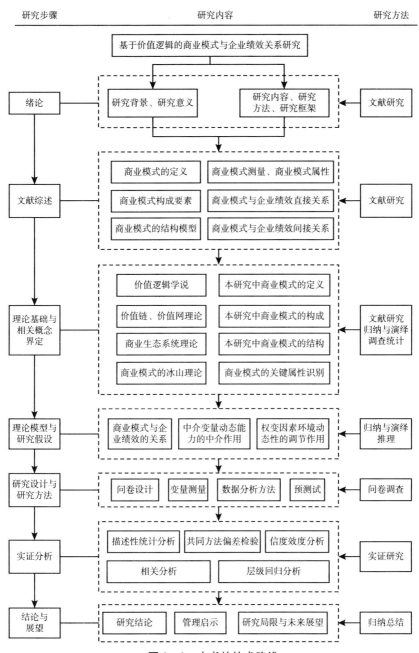

图1-1 本书的技术路线

第2章：文献综述。对国内外已有的相关研究进行回顾梳理，从商业模式的定义、构成要素、结构模型、属性、商业模式与企业绩效之间的关系、动态能力和环境动态性的相关研究成果进行了回顾和分析，对现有研究情况进行了述评以及提出已有研究对本书的启示。

第3章：理论基础与相关概念界定。首先，介绍了价值逻辑学说、价值链理论、价值网理论、商业生态理论和商业模式的冰山理论的内容，分析这些理论与本书的内在联系。然后，结合第2章的文献梳理结果，对本书中涉及的主要变量进行概念的界定和维度的划分，为理论框架的构建提供依据。

第4章：理论模型与研究假设。首先探讨了商业模式对企业绩效的影响，同时考虑动态能力的中介作用和环境动态性的调节作用，在理论分析和逻辑推导的基础上，构建了研究的理论模型；然后根据推导的主要变量之间的关系提出相应的研究假设。

第5章：研究设计与研究方法。首先，阐明了问卷设计的过程和原则；其次，对理论框架中需要测量的变量进行量表的再开发与选择，然后介绍了数据分析方法；最后，进行了预测试，并对结果进行了分析。

第6章：实证分析。通过对大样本数据的描述性统计分析、信度分析、效度分析和回归分析，对前文提出的研究假设进行检验，并结合理论和实践情况对假设检验结果进行分析和讨论。

第7章：结论与展望。本章首先根据实证结果，总结了主要研究结论。然后，根据研究结论提炼了本书的贡献和管理启示。最后，指出了本书的局限以及未来的研究方向。

1.4 研究方法

本书综合运用文献研究法、问卷调查法和实证研究法来解决所提出的研究问题，具体如下：

（1）文献研究法

主要通过文献的收集、整理和鉴别，以及对文献中研究结论的理解和应用，形成研究内容的基本框架和理论依据。本书采用文献研究法对商业模式、企业绩效、动态能力、环境动态性等领域的国内外文献进行梳理和分析，依据相关理论对主要研究概念进行界定，并对各关键概念之间的关系进行理论推导。

（2）问卷调查法

问卷调查法是管理学和社会学统计研究中常用的方法之一。本书根据研究目的，遵循问卷设计的原则，通过科学和规范的设计方法，形成了调查问卷。通过社会关系和委托调研公司向各行业企业的中高层管理者发放问卷 700 余份，获得了适当数量的调查数据，为进一步的统计和实证分析奠定了基础。

（3）实证研究方法

运用 SPSS 和 AMOS 软件，综合应用描述性统计分析、因子分析、相关分析、回归分析等统计分析方法对收集到的大样本数据进行分析和实证研究，在确保了问卷的可靠性和有效性的基础上对理论模型和研究假设进行检验，从而得出最终结论。

1.5　创　新　点

本书紧紧围绕商业模式如何影响企业绩效这一基本问题，基于价值逻辑学说、价值链、价值网、商业生态系统理论和商业模式的冰山理论，构建了商业模式对企业绩效影响的理论框架，并通过问卷调查和实证研究探究了商业模式各个关键属性对企业绩效的影响关系，本书可能的创新点体现在以下几个方面。

（1）研究视角创新

首先，鉴于学者对商业模式研究视角呈现出多元化，而随着商业模式"价值"概念的植入，商业模式价值创造机制的研究悄然兴起，本书根据商业模式研究的前沿问题，从价值逻辑视角对商业模式的本质和内涵进行了重新的界定，明晰和统一了商业模式的相关概念和它们之间的逻辑关系，加深从价值逻辑角度对商业模式的理解，以期进一步揭示商业模式是如何助力企业绩效提升的作用机理。其次，梳理和提炼了商业模式的构成要素、构建了商业模式的结构模型，并基于研究差异的理论来源从价值逻辑视角对商业模式的构成要素进行了系统的界定，使商业模式关键属性（新颖性、效率、价值共创性、可扩张性、可持续性）得以区分和识别，对于在充分认识商业模式如何进行创造价值的基础上，进一步探索和识别商业模式塑造竞争优势和高水平绩效的关键属性有着重要的启发价值，丰富了商业模式关键属性对解释企业绩效异质性的理论研究。

（2）研究内容创新

以往的研究中，研究者们强调新颖性和效率属性对企业绩效的影响，但是这两个属性提出的背景是基于电子商务类的初创企业，对在位企业是否适用，以及对其他行业类别的企业是否适合还缺乏验证。本书根据价值链、价值网、商业生态系统和商业模式冰山理论，提出全新的商业模式和企业绩效关系的研究框架。一方面，通过对在位企业和多个行业商业模式关键属性的识别及其对企业绩效影响关系的验证，拓展了对能够提升企业绩效的商业模式的关键属性的认识；另一方面，将商业模式影响企业绩效异质性的作用机理归因为源自显性知识和隐性知识的共同影响，综合考虑商业模式关键属性、影响商业模式实施的动态能力和外部环境影响因素，对商业模式与企业绩效关系进行系统分析，丰富了商业模式与企业绩效关系的实证研究的成果。

（3）研究方法创新

大多数学者是通过理论推导或文献梳理对商业模式的关键属性进行归纳和识别，但是在实践中是否一致还需要进一步的验证。本书从企业实践者的角度出发，运用统计调查研究方法，系统地探讨和识别了优秀商业模式的关键属性，使商业模式属性的提出更加严谨，研究方法具有一定的创新性。另外，因为已有研究中通过文献梳理识别的商业模式关键属性与实践中商业模式所表现出的关键属性可能存在偏差，商业模式关键属性的测量还在探索阶段，且注重中国情景开发和设计的量表较少，因此在参考和借鉴已有研究中商业模式部分关键属性的测量量表的基础上，本书通过探索性和验证性因子分析的方法对商业模式的测量量表进行了科学、规范地再开发，以期为后续的商业模式关键属性对企业绩效和竞争优势提升的相关研究提供可借鉴的参考。

第2章

文 献 综 述

本章首先回顾商业模式、企业绩效的相关研究，总结了目前研究的不足并将此作为本书切入点；在此基础上导入影响商业模式和企业绩效关系的中介变量动态能力和权变因素环境动态性，并对动态能力和环境动态性的相关研究进行了梳理，为后续研究奠定了理论基础。

2.1 商业模式的相关研究

2.1.1 商业模式的定义

商业模式（business model）第一次出现在贝尔曼等（Bellman et al.，1957）发表的学术论文的正文中，而商业模式第一次作为论文题目的正式标题是在 1960 年琼斯（Jones）发表的论文中出现。在随后的近 30 年中，学者们对商业模式没有进行太多的研究，也没有提供明确的定义和解释，只是在语义上起到修辞的作用；而在实务界，商业模式最早作为一个可以替代战略或经营模式的模糊概念，其简单的所指和应用并未对商业模式研究产生影响。直到 20 世纪 90 年代，随着互联网的出现和电子商务的大规模采用，商业模式才开始在管理文献中频繁出现并引起国内外学者的广泛关注，学者们开始针对商业模式给出具普适性和描述性定义。但是商业模式内容丰富，至今学术界对其定义仍未能统一界定。以下是国内外学者们从不同视角对商业模式的定义进行的描述：

（1）基于运营视角的商业模式定义

具有运营视角的商业模式定义主要侧重解释企业的运营模式，商业模式被理解为企业经营逻辑的描述，以及价值创造、交付和捕获的设计和架构。例如，阿米特和佐特（Amit & Zott，2001）基于交易活动观，认为商业模式描述了交易的内容、结构和治理，旨在通过利用商业机会创造价值，因此将商业模式概念化为一个超越焦点企业并跨越其边界的相互依存的活动系统。玛格丽塔（Magretta，2002）认为商业模式是解释企业如何运作的故事。一个好的商业模式能够回答德鲁克的三大经典问题：谁是顾客？顾客看重什么？如何在这些业务中赚钱？因此，从这个视角定义的商业模式被概括为交易结构（Mahadevan，2000；魏炜等，2012）或者被理解为跨越焦点企业边界的活动系统（Zott & Amit，2010）。

（2）基于盈利视角的商业模式定义

企业的基本目的就是盈利，鉴于此，不少学者将商业模式描述为企业的盈利模式。他们认为，商业模式是对企业如何赚钱的描述与总结。在商业模式研究的早期，学者们主要集中于论述商业模式的盈利性，探讨企业获取利润的逻辑与方法。有学者直接将商业模式称为盈利模式，有些把商业模式看成是企业获取利润的机制。例如，霍洛维茨（Horowitz，1996）认为商业模式是商业活动的运行结构，而价值作为决定因素影响着商业模式的盈利性。斯图尔特和赵（Stewart & Zhao，2000）将商业模式视为一个企业如何在一段时间内赚钱并维持其利润流的一种架构配置，通过内部的流程和基础设施的设计使企业能够创造价值。拉帕（Rappa，2004）则认为商业模式的最根本内涵是企业为了自我维持，也就是赚取利润的经营方法，从而清楚地说明企业如何在价值链（价值系统）上进行定位和获取利润。阿法亚和图奇（Afuah & Tucci，2001）把商业模式定义为企业获取并使用资源，为顾客创造比竞争对手更多的价值以赚取利润的方法。因此，商业模式详细说明了企业目前的利润获取方式、未来的长期获利规划，以及能够持续优于竞争对手和获得竞争优势的途径。霍金斯（Hawkins，2002）强调商业模式是企业构造成本和收入流的方式，成本和收入流决定着企业的生存与发展。

（3）基于战略视角的商业模式定义

该类定义侧重于商业模式对企业战略定位的考量。斯莱沃茨基等（Slywotzky et al.，1997）提到，商业模式是一个企业如何选择客户、定义和区分其产品、明确企业自身将执行的任务和将要外包的任务、配置的资源、面向的市场、为客户创造价值和获取利润的总体情况。蒂默尔斯（Timmers，1998）认为商业模式是产品、服务和信息流的组合架构，包括对各种业务参与者及其角色、各种业务参与者潜在利益和对收入来源的描述。莫里斯等（Morris et al.，2005）认为商业模式是一种如何在确定的市场中创造可持续竞争优势的风险战略和架构，它是一组相互关联的决策变量的简明表示。罗珉等（2005）认为，商业模式是企业的战略目标的具体实施途径，它指导企业整合内部和外部资源，并平衡企业、客户、员工、供应商、股东等多个利益相关者的利益。谢弗（Shafer，2005）认为商业模式反映了企业在客户价值主张方面做出的内部一致的战略选择。卡萨德苏斯—马萨内尔和里卡特（Casadesus － Masanell & Ricart，2010）认为商业模式是企业根据自己的战略目标而选择的结果，并且是公司战略的具体体现。维尔茨等（Wirtz et al.，2016）将商业模式定义为企业相关活动的简化和聚合的表述，它描述了企业如何生产产品和/或服务的结构体系，还考虑了战略、顾客和市场，以确保实现竞争优势。

（4）基于价值创造视角的商业模式定义

从价值创造的角度来看，商业模式的本质在于，企业通过其关键资源和价值产业价值链中特定环节的增加、减少、整合和创造，来实现价值创造、转移、获取和分配。原磊（2007）认为，作为"价值创造逻辑"的商业模式是对企业内部经营逻辑、经营结构和战略方向的描述。蒂斯（Teece，2010）认为商业模式阐明了企业支持客户价值主张的逻辑，以及为了实现该价值的可行的收入和成本结构。索雷斯库等（Sorescu et al.，2011）认为商业模式是"为客户创造价值并为合作伙伴和零售商获取市场价值的准确表述"。阿斯帕拉等（Aspara et al.，2013）认为商业模式可以理解为一个企业如何创造或获取价值的企业主导逻辑。马萨等（Massa et al.，2017）认为，商业模式是价值创造的结构体系，它综合考虑了战略以及客户和市场组成部分，确保竞争优势和其他目标得以实现。

虽然商业模式涵盖的内容比较广泛，研究视角比较多元化，学术界依然无法给出个统一的定义，但是通过对国内外商业模式的定义进行分类和梳理，可以发现，商业模式价值类的定义正逐渐成为众多定义的主流。商业模式的大多数定义都以"价值"开始，学者们普遍认为商业模式是一种用于创造企业价值，转移价值和获取价值的系统或结构。

2.1.2 商业模式构成要素

由于商业模式的定义尚未统一，研究者对商业模式构成要素也有不同的看法。本书在研读大量国内外文献的基础上，对商业模式构成要素进行了汇总（见表2-1）。

表2-1　　　　　　　商业模式构成要素概述

类别	年份	主要学者	商业模式构成要素
运营视角	1996	维肖和帕斯特纳克（Viscio & Pasternack）	企业定位、业务单位、服务、治理、联系

类别	年份	主要学者	商业模式构成要素
运营视角	2000	马哈德文（Mahadevan）	收入流、物流和价值流
	2000	阿普尔盖特（Applegate）	概念、能力、价值
	2001	阿米特和佐特（Amit & Zott）	使命、流程、结构、技术、收入、法律
	2006	李振勇	经营、管理、赢利、生产营销、扩张、融资
	2012	魏炜和朱武祥	业务系统、关键资源能力、定位、赢利模式、现金流结构、企业价值
盈利视角	1996	霍洛维茨（Horowitz）	价格、产品、分销、组织特征、技术
	2001	阿法拉和图奇（Afuah & Tucci）	顾客价值、范围、定价、收入、能力、持续性、执行、关联活动
	2002	霍金斯（Hawkins）	交易模式、收益模式、交换模式
	2004	翁君奕	客户界面、内部结构界面、伙伴界面
	2007	伊丹和西野（Itami & Nishino）	盈利模式、业务系统、传递系统、学习系统
	2008	约翰逊（Johnson）	客户价值主张、关键资源、关键流程、盈利模式
战略视角	1998	蒂默尔斯（Timmers）	产品/服务/信息流结构、参与主体、营收来源
	2000	哈梅尔（Hamel）	核心战略、战略资源、价值网、顾客界面
	2005	谢弗（Shafer）	战略选择、价值网络、创造价值、获取价值
	2005	莫里斯等（Moris et al.）	目标市场、内部能力、竞争战略、资源
	2010	德米尔和莱科克（Demil & Lecoq）	资源和能力、价值主张、内部和外部组织、营收规模和结构、成本规模和结构、利润
价值创造视角	2005	奥斯特沃德等（Osterwalder et al.）	价值主张、目标顾客、分销渠道、顾客关系、价值结构、核心能力、关键伙伴、成本结构、收入模式
	2006	切斯布洛（Chesbrough）	价值主张、目标市场、价值链结构、成本结构、价值网络、竞争优势
	2008	理查德森（Richardson）	价值主张、价值创造和传递体系、价值获取体系
	2010	尤纳斯等（Yunus et al.）	价值主张、价值体系（内部和外部价值链）、经济利润模式、社会利润模式（社会和环境利益）

类别	年份	主要学者	商业模式构成要素
价值创造视角	2014	博克恩等（Bocken et al.）	价值主张、价值创造、价值传递、价值获取
	2016	塔兰（Taran）	价值主张、价值网络、价值获取、价值配置、价值细分
	2018	李鸿磊	资源能力、价值主张、利益相关方、互补性组合、交易结构、盈利模式、收支方式和企业价值

资料来源：笔者根据文献整理。

表 2-1 列示了不同学者基于不同的研究视角对商业模式构成要素的概述。学者们采用了不同的归纳方法进行要素提取（例如案例法、文献法），他们考察商业模式的深度和广度也有所不同。从商业模式构成内容来看，有很多构成要素的表述是重复的，说明不同学者在某些要素的构成上达成了一致。其中，提到最多的是价值主张，其次是经济模式、顾客界面/关系、伙伴网络、价值创造、价值传递、价值获取等，说明了学者们对商业模式的构成要素包括价值创造和价值获取等要素的认可。

需要注意的是，国外学者认为的商业模式要素（components，也有文献翻译为"组件"），是指直接构成商业模的结构部件，而我国一些学者多将商业模式的构成要素用维度来划分（罗珉，2009）。商业模式维度是指构成商业模式内在特征的内生性变量，是构建商业模式时应当考虑的基本问题、设计思路或是构成完整商业模式应该具有的功能（白宏，2012）。这两种方法是从不同层面对商业模式的构成进行划分，从本质上看是一致的。

综上所述，从商业模式构成要素研究的深度和广度、研究趋势上可以看出，学者们对商业模式的研究逐渐转向价值创造视角，价值类构成要素被反复提到，说明学者们对商业模式是创造顾客价值和企业价值的价值逻辑的基本认同。

2.1.3 商业模式的结构模型

商业模式研究者们尝试寻找一套具备一般性、基本性的商业模式结构模型来表达其内在机制。通过梳理相关文献，现将具有代表性的商业模式的结构模型汇总如下：

谢弗等（Shafer et al.，2005）提出商业模式的核心逻辑模型（如图 2-1 所示）。该模型是一种典型的结构化模型，将商业模式表示成一种反映企业因果关系基本假设的核心逻辑，具体包含战略选择、价值网络、价值创造和价值获取四个要素。

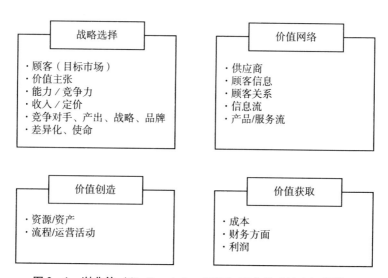

图 2-1 谢弗等（Shafer et al.，2005）商业模式核心逻辑模型

资料来源：Shafer, S. M. Smith, H. and Linder, J. The Power of Business Models [J]. Business Horizons, 2005, 48 (3): 199-207.

切斯布洛等（Chesbrough et al.，2006）提出商业模式的启发逻辑模型（如图 2-2 所示）。切斯布洛认为，商业模式是将技术与其本身所蕴含的潜在经济价值联系起来的启发逻辑（heuristic logic）。作为一种启发逻辑，在价值转化的过程中通过价值主张，辨识细分市场，产生收入，通过界定顾客价值构造和收益获得机制，预计成本结构和盈利潜力，体现企业在连接经销商和消费者的价值网中的精准定位及其企业创新能力和核心竞争力的保持等方面内容。

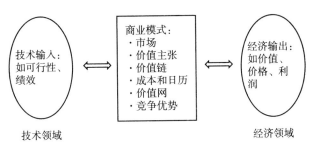

图2-2 切斯布洛等（Chesbrough et al.，2006）启发逻辑模型

资料来源：Chesbrough, H. W., Ahern, S., Finn, M. and Guerraz, S. Business Models for Technology in the Developing World: The Role of Non-governmental Organizations [J]. California Management Review, 2006, 48 (3): 48-61.

原磊（2007）提出的"4-3-8"模型（如图2-3所示）。原磊认为商业模式从本质上讲是企业的价值创造逻辑，并提出了商业模式的"3-4-8"构成体系。其中："3"代表顾客价值、伙伴价值、企业价值共三个联系界面；"4"代表价值主张、价值网络、价值维护、价值实现共四个构成单元；"8"代表目标顾客、价值内容、网络形态、业务定位、伙伴关系、隔绝机制、收入模式、成本管理共8个构成要素。

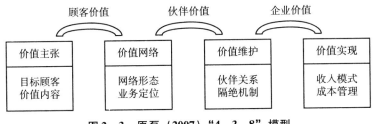

图2-3 原磊（2007）"4-3-8"模型

资料来源：原磊. 国外商业模式理论研究评介 [J]. 外国经济与管理，2007，29（10）：17-25.

约翰逊等（Johnson et al.，2008）认为商业模式由顾客价值主张、盈利模式、关键资源和关键流程四个相互锁定的要素构成，并且提出了商业模式四要素模型（如图2-4所示）。

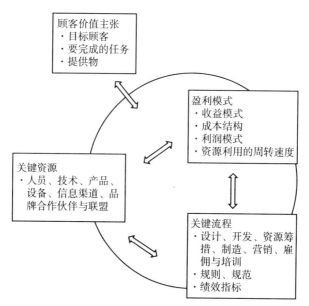

图2-4 约翰逊等（Johnson et al.，2008）商业模式四要素模型

资料来源：Johnson，M. W. Christensen，C. and Hagermann，K. Reinventing Your Business Model［J］. Harvard Business Review，2008，86（11）：50-59.

蒂斯（Teece，2010）提出了一个表达商业模式的环状逻辑模型（见图2-5）。蒂斯（Teece）指出，每一个企业都是有一个能够体现其价值创造、传递、获取的商业模式。商业模式事实上就是明确企业向顾客传送价值、吸引顾客支付款项，并将其转换为企业利润的方法。

奥斯特沃德和皮尼厄（Osterwalder & Pigneur，2010）将各要素组合在一起，构建了一个可视化的商业模式模型——商业模式画布（business model canvas，BMC）（如图2-6所示）。商业模式画布提供了一个元模型，通过该模型，可以了解商业模式的关键组成部分，以及每一个要素的内容和它们之间的关系。

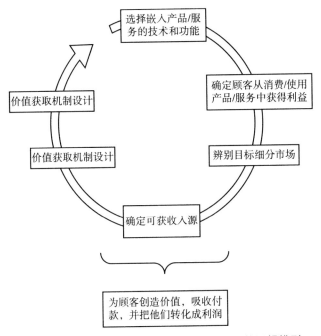

图 2 - 5 蒂斯（Teece，2010）商业模式环状逻辑模型

资料来源：Teece，D. J. Business Models，Business Strategy and Innovation ［J］. Long Range Planning，2010，43（2/3）：172 - 194.

8.KP 重要合作	7.KA 关键业务	2.VP 价值主张	4.CR 客户关系	1.CS 客户细分
	6.KR 核心资源		3.CH 渠道通路	
9.C$ 成本结构		5.R$ 收入来源		

图 2 - 6 奥斯特沃德和皮尼厄（Osterwalder & Pigneur，2010）商业模式画布

资料来源：Osterwalder，A. & Pigneur，Y. Business Model Generation. A Handbook for Visionaries，Game Changers，and Challengers ［M］. Hoboken，New Jersey：Wiley，2010.

王雪冬、董大海（2013）提出了一个多层次的商业模式整合表达模型（如图2-7所示）。该模型由核心层（顾客）、汇聚层（顾客价值、企业价值、伙伴价值）、接入层（洞察价值：价值模式；创造价值：运营模式；传递价值：营销模式；获取价值：盈利模式）共3个层次和8个要素组成。

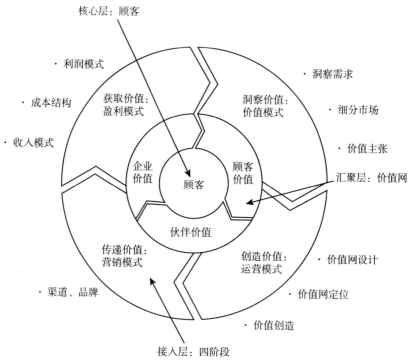

图2-7 王雪冬、董大海（2013）商业模式表达模型

资料来源：王雪冬，董大海. 国外商业模式表达模式评介与整合表达模型构建［J］. 外国经济与管理，2013（4）：49-61.

李鸿磊（2018）提出了商业模式"八要素"分析框架（如图2-8）。该分析框架包括价值创造基础、价值创造逻辑、价值创造锁定和价值创造实现4个环节以及资源能力、价值主张、利益相关方、互补性组合、交易结构、盈利模式、收支方式和企业价值共8个组成要素。

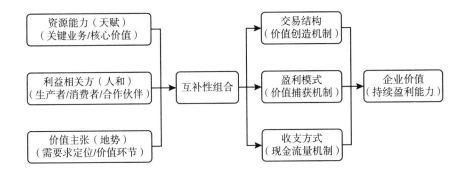

图 2-8 李鸿磊（2018）商业模式"八要素"模型

资料来源：李鸿磊. 基于价值创造视角的商业模式分类研究——以三个典型企业的分类应用为例［J］. 管理评论，2018，30（4）：257-272.

2.1.4 商业模式的属性

属性，一般指属于实体的本质方面的特性，也可以理解为事物的特质或特征。商业模式是企业价值创造的关键要素（Zott & Amit，2007；Balboni et al.，2019），它的一切运营活动都围绕如何更好创造价值而展开的（Desyllas et al.，2020），只有具备特定属性的商业模式才会给企业带来绩效提升和竞争优势（Zott & Amit，2010）。不同文献中对商业模式属性的表达名称有所不同，有商业模式属性（attribute）、价值创造的源泉（sources of value creation）、价值驱动因素（value drivers）、商业模式的品质（quality）、商业模式主题（theme）等，但是其研究实质是一致的。

因此，商业模式属性是指为能够提高商业模式创造的总价值从而提升企业竞争优势和企业绩效的特质。另外，有研究表明，创造高利润的商业模式就有更高的认知复杂性和更强的共识性，而创造低利润的商业模式则具备较多的差异性（Malmström et al.，2015），这也说明竞争力更强和企业绩效水平更高的商业模式有可能存在着某些共同特征（杨俊等，2018）。因此，本书将具有共识性并且能够创造高水平企业绩效的商业模式共同特质定义为关键属性。

在商业模式属性的识别方面，经过近 20 年的发展，已经由早期的零散、多视角研究逐渐演化到比较集中化和系统化的研究（文献汇总如表 2－2 所示）。在研究早期，王波和彭亚利（2002）指出尽管商业模式是否能够始终为企业创造价值还不确定，但是成功商业模式的三个共同的特点即独特性、难模仿性和脚踏实地已经得到充分的认可和证明。莫里斯等（Morris et al.，2005）提出好的商业模式应该具备的三个特征是可持续性、一致性、适应性。阿米特和佐特（Amit & Zott，2001）以新创企业为研究对象，通过对样本企业的首次公开募股（IPO）招股说明书、年度报告、投资分析报告和公司网站等公开渠道获得的信息，以及通过结构化调查问卷的方式，识别出新颖性、锁定性、互补性、效率是新创电子商业企业价值创造的源泉。蒂斯（Teece，2010）指出，商业模式的差异化、竞争对手难模仿性和高效率是企业可持续竞争优势的重要来源；他在后续的研究中又指出，好的商业模式可以跨多个细分市场进行扩展（Tecce，2018）。温强（2010）基于乐利公司案例分析得出结论：可持续、可盈利性的收入是判断商业模式成功与否的标准。邓福德等（Dunford et al.，2010）提出商业模式可复制性可以帮助新创企业成长及绩效提升。吉森等（Giesen et al.，2010）指出商业模式具有一致性、分析性、适应性。卡萨德苏斯—马萨内尔和里卡特（Casadesus-Masanell & Ricart，2010）指出商业模式具有一致性、自我强化性、鲁棒性。后来，学者们开始对商业模式属性进行系统化的梳理和归纳。江积海（2014）通过文献梳理，将商业模式价值创造的属性归纳为一致性、新颖性、效率、可持续性。张晓玲等（2015）基于资源、活动系统理论、动态能力理论以及参考商业模式的核心内涵归纳出 4 种商业模式的关键属性，即价值共创性、难模仿性、可扩张性、可持续性。李永发（2015）从商业模式的整体品质和内部组件梳理出 7 个能够引起企业获取较高市场绩效的商业模式的关键属性，可概括为三大类即投入要素资源条件，生产过程中的差异性、确定性和扩展性、盈利模式的共赢性，产出产品的独特性和互补性。格罗纳姆等（Gronum et al.，2015）将商业模式划分为新颖性（novelty）、交易效率（transaction efficiency）和用户简单性（user simplicity）三个属性。卡萨德苏斯—马萨内尔和里卡特（Casadesus-Masanell & Ricart，2007）提出能够区分商业模式的好坏的四个特征：商业模式能够帮助企业实现既定目标、商业模式能够帮助企业获得优势并且形成良性循环、商业模式随着时间的推移能够始终保持较好的效能。杨俊（2018）通过理论推演和文献归纳，进一步地将商业模式的属性划分为如何创造价值的基础架构属性和如何塑造竞争优势和改善绩效的价值属性。类似地，罗兴武等（2019）通过文献归纳，将商业模式属性划分为以 NICE（新颖性、锁定性、互补性、效率）为代表的交易属性和 CS（一致性和可持续性）为表征的制度属性。黎传熙和祁明德（2020）基于现代价值链理论，提出优秀商业模式的关键属性体现在能够使企业实现多维度价值增值和价值持续盈利。

表 2-2　　　　　　　　商业模式属性研究文献汇总

学者（年份）	商业模式属性	研究对象	研究方法	理论基础	研究结论
阿米特和佐特（Amit & Zott，2001）	新颖性、锁定、互补性、效率	59 家美国和欧洲电子商务上市公司	案例分析	企业资源观、交易成本理论、熊彼特创新、战略网络理论	商业模式的价值创造潜力在于四个相互联系的属性即新颖性、锁定性、互补性和效率
王波和彭亚利（2002）	独特性、难模仿性、脚踏实地	中外 70 家企业	概念框架	实践经验总结	好的商业模式能够突出不同于其他企业的独特性，表现在它怎样赢得顾客、吸引投资者和创造利润

学者（年份）	商业模式属性	研究对象	研究方法	理论基础	研究结论
莫里斯等（Morris et al., 2005）	可持续性、一致性、适应性	美国西南航空公司	案例分析	价值链、价值网理论，交易成本理论，资源基础理论	可持续性要求商业模式要素表现出一致性。一致性包括涉及企业内部关键活动的一致配置和涉及给定外部环境条件下配置的适应性
佐特和阿米特（Zott & Amit, 2007）	新颖性、效率	190家初创企业、电子商务企业	实证研究	交易成本理论、熊彼特创新理论	开发了新颖性和效率属性的测量量表，并进一步检验了对新创企业绩效的促进作用
卡萨德苏斯—马萨内尔和里卡特（Casadesus-Masanell & Ricart, 2007）	与公司目标一致、自我强化、精湛的、稳健性	Irizar、施乐、英国瑞安航空公司	案例分析	战略理论、企业行为理论	构成一个好的商业模式的四个理想特征分别是与公司目标一致、自我强化、精湛的、稳健性
温强（2010）	可持续、可营利性	乐利公司	案例分析	基于交易结构的商业逻辑	判断商业模式成功与否的标准是可持续、可营利性的收入
邓福德（Dunford et al., 2010）	可复制的	跨国企业ING Direct France	案例分析	知识创造和知识转移	提出商业模式可复制性是新企业在早期和快速国际化的基础
吉森等（Giesen et al., 2010）	3As：一致性、分析性、适应性	全球765位CEO	调查问卷	战略分析、战略柔性	商业模式的三A特征对商业模式成功设计和实施至关重要
李炎炜等（2013）	新颖导向、效率导向、授权导向、整合导向	科技型双创企业	实证研究	战略理论	不同商业模式的设计主题对企业的盈利性、成长性和运营绩效产生不同的影响

学者（年份）	商业模式属性	研究对象	研究方法	理论基础	研究结论
江积海（2014）	一致性、新颖性、效率性、持续性	现有文献	文献归纳	熊彼特创新理论、交易成本理论	识别的商业模式属性均与价值创造有因果关系或正向关系
张晓玲等（2015）	价值共创性、可扩展性、难模仿性、持续性	江苏、浙江等地区企业	实证研究	资源、活动系统理论，资源基础观，竞争性定位理论	开发和验证了商业模式特性的测量量表
李永发（2015）	独特性、互补性、差异性、确定性、扩展性、共赢性、资源条件	江苏、浙江等地区企业	模糊集定性比较分析法	竞争优势理论、交易成本理论	证实了所识别的属性是引起企业获取高市场绩效的重要前因
杨俊等（2018）	架构属性、价值属性	现有文献	文献归纳	交易成本理论、战略管理理论、创业理论	架构属性回答的是价值来源；价值属性回答如何塑造竞争优势
罗兴武等（2019）	交易属性：新颖性、锁定性、互补性、效率；制度属性：一致性和可持续性	创业企业	文献归纳；案例分析	资源基础理论、交易成本理论、价值链理论	商业模式的交易属性与制度属性共同驱动了创业企业的成长
黎传熙和祁明德（2020）	多维度价值增值、价值持续盈利	新零售企业	案例分析	现代价值链理论	通过对商业模式的基本构成要素升级创新，可以实现持续盈利和价值增值

资料来源：笔者对文献进行整理。

2.1.5　商业模式的测量

现有文献中，对商业模式的测量可分成以下三种类型。第一类，学者们根据商业模式的定义和组成要素，开发商业模式结构量表并对商业模式进行测量。如张承龙（2013）从价值主张、客户定位、核心优势和网络资源四个维度进行测量。王翔等（2015）从顾客价值主张、业务活动系统和盈利方式三个方面对商业模式进行测量。乔晗（2017）从价值创造、价值支撑、价值实现、价值管理四个维度进行测量。周湧（2018）基于商业模式生态系统视角，从商业模式构成要素分析其影响绩效的机理和路径，并开发了商业模式的结构量表，包括四个维度分别是稳定影响者、中间影响者、直接影响者和直接驱动者。第二类，学者们从商业模式价值创造的结果为切入点，对商业模式进行测量。例如，叶利生（2008）、文亮（2011）将商业模式创造的价值分类为客户价值、内部价值和供应链价值，并开发相应的测量量表。约翰逊（Johnson，2008）、刘卫星（2013）从商业模式的价值三维度——客户价值、企业价值和合作价值对商业模式进行测量。第三类，学者们首先提炼商业模式的整体属性，然后开发商业模式的属性量表并进行测量。例如，阿米特和佐特（Amit & Zott，2001）基于扎根理论，对电子商务类的初创公司的商业模式价值创造驱动力进行探索，提炼出初创公司商业模式应具有的四个特质分别是新颖性、锁定性、互补性和效率。两位学者在2007年，针对新颖性和效率属性开发了相应的量表，并实证检验了新颖性和效率对企业绩效的影响机理。结论指出，初创企业的商业模式可以从新颖性或效率这两个方面进行设计[1]。阿米特和佐特开发的商业模式测量量表得到了其他学者的广泛认可和使用。我国学者江积海和蔡春花（2016）结合中国情景，补充开发了包含 NICE（新颖性、锁定性、互补性和效率）四个属性的商业模式测量量表。张晓玲等（2015）基于文献梳理，识别并开发了价值共创性、可扩展性、难模仿性、持续性四个属性的商业模式测量量表。李永发（2015）提出七个商业模式的关键属性（独特性、互补性、差异性、确定性、可扩展性、共赢性、资

---

[1] 后续相关研究中，商业模式的新颖性和效率特质被广泛应用于初创企业的商业模式设计主题和商业模式创新类型的选择。

源条件）并进行测量。

2.2 企业绩效的相关研究

2.2.1 企业绩效的定义

绩效（performance）也称为业绩或成效，是指组织在一定时期内取得的成果的总称，体现的是组织或个人从事某类活动取得的结果。国内外学者基于自己的研究目的的不同而从不同角度界定了绩效的概念，如坎贝尔（Camlbell，1990）认为绩效是一种行为而非结果，并且受组织内外部环境的影响会产生不同的行为，是与组织总体目标有关的、能够通过观察鉴别的某种确定的行为。凯恩（Kane，1993）与坎贝尔等（CamPbell et al.，1990）则认为与组织经营目标紧密相关的结果才是绩效，组织的愿景、消费者对企业的满意程度和所投资金等都会对组织绩效产生深刻影响；也有学者认为绩效是以上两种观点的综合，认为绩效是反映行为和结果（Brumbrach，1988），并且绩效不是静止孤立的，而是一个动态的过程，行为本身也是结果。

2.2.2 企业绩效的测量维度

从现有文献研究来看，由于研究者的研究视角和研究目的的不同，企业绩效的评价标准和测量维度也有所不同。在企业绩效研究的早期，对其的测量是以投资回报率为核心的杜邦分析体系，常用的财务指标有销售增长率、销售收入、净利润、息税前收益，销售利润率，资产收益率，投资回报率，股票收益率等。但是，后续的研究表明仅靠财务指标不足以衡量企业的总体绩效水平（Jackson & Murphy，1999）。而且财务指标容易受到会计方法的选择，折旧政策和非货币性交易等的影响，容易造成会计失真，无法很好地反映企业真实的经营成果。非财务指标对企业绩效的测量是一个很好的补充，越来越多的学者开始从财务和非财务方面来测量企业的绩效。常用的非财务指标有市场份额、顾客满意度、忠诚度和品牌价值等运营指标和市场指标。例如，布拉什和范德沃夫（Brush & Vanderwerf，1992）从纵向市场增长和横向财务指标两个维度对企业绩效进行评价。德莱尼和休塞里德（Delaney & Huselid，1996）通过近三年的运营绩效（包括利润率、生存率、最终绩效水平）和市场绩效（包括新的市场开发水平、产品的市场竞争力和服务水平）对企业的整体绩效进行测量。

另外，从数据获得的途径，对企业绩效的测量可以分为基于客观数据的测量和基于问卷调查的主观数据的测量。客观数据主要包括各类财务指标和有关企业的各种数据，但是这种方法对数据获取有很大的局限性，特别是针对非上市公司；而基于问卷调查获取的主观数据可以克服数据获取的限制，因而在实际研究中得到了广泛的应用。这种主观的测量方式通常被描述成与竞争对手相比，从感知上进行评价而不是包括具体的数值。

2.2.3　商业模式与企业绩效的关系

（1）商业模式与企业绩效的直接关系

商业模式具有可以转化为可持续竞争优势和卓越企业绩效的特性（Amit & Zott，2001；Morris et al.，2013），商业模式对企业绩效有直接的影响作用（Afuah & Tucci，2001；Zott & Amit，2011），两者之间的关系研究主要集中在以下三个方面。

①商业模式构成与企业绩效的关系。托马斯（Thomas，2001）从企业运营的视角，通过对顾客、供应商、渠道、流程等商业模式构成要素的研究发现，与内部资源配置相比，商业模式能够更清晰地揭示企业

内部结构和要素的组合方式。霍斯贝克等（Huelsbeck et al.，2011）从实施绩效角度指出商业模式阐明了一个组织如何创造价值和交付价值的经济逻辑，商业模式可以解释企业绩效中重要的财务变量和非财务变量之间是如何相互关联的，验证了商业模式与企业绩效之间的稳定关系。张晓玲和罗倩（2011）以创业板和中小企业板 214 家公司的数据为样本，将商业模式基本构成要素间的匹配对企业绩效的影响进行了实证分析，结果证明商业模式构成要素间的匹配程度越高越能正向影响企业绩效。韦拉尼等（Werani et al.，2016）以 B2B 市场企业为样本，运用定性比较分析（qualitative comparative analysis，QCA），研究商业模式的不同配置对企业成功的影响，发现了 14 种商业模式的设计配置可以实现高于平均的销售利润率，其中有 6 种商业模式的配置可以实现帮助企业获得高于平均水平的销售盈利能力。刘正阳等（2019）从商业模式的价值创造、价值传递和价值实现三个维度考察其对企业绩效的影响，研究结果显示商业模式的三个维度均对企业绩效有显著正向影响。

②商业模式类型与企业绩效的关系。已有研究证明，不同类型的商业模式对企业绩效产生不同程度的影响。威尔和马龙（Weill & Malone，2005）通过实证研究，把商业模式划分为 16 种类型，通过对美国 1000 家上市公司进行研究，结果发现不同类型商业模式对企业绩效水平会产生不同影响，且商业模式作为一种分类标准比产业分类更优。王翔等（2010）选取了我国 55 家上市有色金属公司，运用 ANVOA 方差分析对企业的盈利性、成长性、经营效率和市场价值四个方面进行研究，发现不同的商业模式使企业之间的绩效产生明显差异，而且对不同方面的绩效指标具有差异化的影响，其中商业模式对盈利能力的影响最为显著，其次是成长性和市场价值。

③商业模式属性与企业绩效的关系。随着对商业模式和企业绩效关系研究的深入，学者们开始试图探究为什么即使是相似的商业模式也能带来企业绩效异质性，哪些属性是可以给企业带来竞争优势和优异绩效。阿米特和佐特（Amit & Zott，2001）以新创企业为研究对象，识别

出新颖性、锁定性、互补性、效率是新创电子商业企业价值创造的源泉，在后续研究中分析了创业型企业商业模式设计与绩效的关系，他们把商业模式作为自变量，发现商业模式通过环境这个调节变量与企业绩效发生关系（Zott & Amit，2007）。郭京京等（2014）借鉴了佐特和阿米特（Zott & Amit，2007）提出的商业模式新颖性和效率属性并作为设计主题，实证研究了电子商务企业商业模式设计主题与企业绩效之间的关系，结果表明效率型商业模式和新颖型商业模式对企业绩效具有显著的正向影响。格罗纳姆等（Gronum et al.，2015）扩展了佐特和阿米特（Zott & Amit，2007）的方法，将商业模式划分为新颖性、交易效率和用户简单性三个属性，通过对 331 家国际贸易行业的企业为样本，研究其价值创造并转化为企业绩效的结果。帕蒂等（Pati et al.，2018）针对商业模式的不同属性与企业绩效的关系进行研究，研究结果发现商业模式的新颖性和效率属性对企业绩效有重要的正向影响。

（2）商业模式与企业绩效的间接关系

①商业模式通过中介变量或调节变量，间接影响企业绩效。程愚等（2012）以组织能力、运营效率、产品效应作为中介变量，发现技术主题商业模式对经济结果没有显著影响；方法主题商业模式对经济结果显著正向影响。布雷—索利斯等（Brea-Solís et al.，2015）开发了一个商业模式选择和获利结果之间联系的分析框架，利用指数理论（theory of index numbers）和生产理论（production theory）验证了一个特定商业模式的有效性不仅在于设计，更在于实施。李永发（2015）进一步指出，商业模式品质（quality）和特定商业模式效应是分开的，商业模式品质是商业模式效应的前因，商业模式效应是商业模式品质的后果。商业模式的某种品质不一定是商业模式效应的充分条件和必要条件，原因在于两者之间存在多个中介变量、调节变量，以及未知的影响机制。竺琦（2018）以研发投入、人力资本、营销费用作为调节变量，研究结果发现轻资产商业模式与企业绩效正相关。魏泽龙等（2019）通过对 204 家中国企业的实证研究，以动态能力、战略柔性作为调节变量，发现新颖

型和效率型商业模式设计与企业绩效有显著的正向影响。索尔等（Sohl et al.，2020）考察了在人均收入和互联网使用两个变量调节下，不同类型的商业模式组合与企业绩效的关系，结果表明不同类型的商业模式对企业绩效的影响程度不同，中高程度的商业模式类型组合则会导致企业绩效下降。

②商业模式作为一个影响绩效的权变因子，与其他因子之间的匹配关系对企业绩效产生不同程度的影响。例如，佐特和阿米特（Zott & Amit，2008）把商业模式作为影响企业战略选择及作用发挥的结构性权变因素，考察商业模式设计与产品市场战略之间的匹配度及两者对企业绩效的权变效应。帕尔泽特等（Palzelt et al.，2008）把商业模式作为高管团队与组织绩效的调节变量，发现在不同商业模式下高管团队成员的创业、经营经验可以对企业绩效产生不同的影响。罗倩等（2012）通过对高新技术企业的实证分析，验证了商业模式与竞争战略的匹配性可以显著影响企业的盈利性业绩指标，同时结论还指出商业模式设计中的一些重要构成要素，如"价值主张""竞争战略""市场细分"以及"收入模式"等对盈利性指标的影响较大。邹国庆和尹雪婷（2019）指出，商业模式对企业绩效产生影响，不仅体现在商业模式内部要素组合的创新性，还取决于商业模式形态的适配性，通过实证可以证明商业模式新颖性或效率性的设计与技术创新战略对企业绩效具有协同效应。因此，商业模式与环境的各个变量、组织结构、技术以及市场战略选择等权变因子一样，对企业绩效有重大的影响（Zott & Amit，2008；魏江等，2012）。

2.3 动态能力的相关研究

2.3.1 动态能力的概念

蒂斯和皮萨诺（Teece & Pisano，1997）最早提出"动态能力"的概念，是指一个组织用以整合、构建并重新配置内外部能力，从而适应快速变化环境的能力。特别是在高速变化市场中，动态能力被认为是持续竞争优势的来源和组织长期生存的先决条件（Ambrosini & Bowman，2009；Eisenhardt & Martin，2000；Zahra et al.，2006）。基于资源基础观（resource based view，RBV），将学习（如研发活动）、新产品和工艺开发、联盟以及战略决策和资源分配作为非常典型的企业应用动态能力的例子，因为这些能力允许扩展和重新配置企业的资源基础（Helfat et al.，2007；Augier & Teece，2007）。因此，佐洛和温特（Zollo & Winter，2002）又将动态能力定义为"学习的、稳定的集体活动模式，通过这种模式，组织系统地生成和修改其运作程序，以追求提高效率"。

另外，根据蒂斯和皮萨诺（Teece & Pisano，1997）的研究，动态能力是基于整合与协调、学习与重构的集合。首先，整合与协调涉及资源的组合。常见的例子包括新产品开发，即管理者组建多功能团队，结合各种技能、专业知识和资产，以创造新产品（Bowman & Ambrosini，2000）。这些活动需要各种任务和资源有效协调以及不同活动的同时进行。其次，新产品开发过程中，通过学习可以更有效地完成开发任务。最后，重构是指组织现有资源的转换和重组（Teece & Pisano，1997）。值得注意的是，"动态"一词是指环境的转变特征，强调从整合和重组企业技能和资源等方面提升能力。艾森哈特和马丁（Eisenhardt & Martin，2000）认为，动态能力不仅在高速变化的市场中很重要，而且在"适度动态"的市场中也很重要，即那些"频繁发生变化，但沿着可预测的线性路径变化"的市场，动态能力依然能够发挥作用。

2.3.2 动态能力的测量维度

现阶段学术界对动态能力的维度划分并没有达成一致见解。蒂斯等（Teece et al.，1997）首先提出动态能力是由整合、建构、重构能力三个维度构成。艾森哈特和马丁（Eisenhardt & Martin，2000）也强调动态能力应包含资源整合能力、资源重构能力、资源获取与资源释放能力。普罗托鲁格等（Protogerou et al.，2012）则认为动态能力包括协调、学习和战略竞争性反应三个维度。此外，还有一些研究者指出动态能力不仅包括资源整合与重构能力，还应纳入认知维度。例如，奥吉尔和蒂斯（Augier & Teece，2007）将动态能力维度划分进行了更新，将其划分为感知并辨认机会和威胁维度、抓住机会强化结合和保护维度、重构企业有形和无形资产维度。巴雷托（Barreto，2010）进一步将动态能力划分为四个维度：感知机会和威胁倾向、及时做出决策、做出市场导向决策、改变资源基础。帕夫洛和萨维（Pavlou & Sawy，2011）将动态能力划分为感知、学习、协调和整合能力四个维度。焦豪和崔瑜（2008）认为企业的动态能力包括企业的变革和创新、技术柔性、组织柔性和环境的洞察能力四个维度。曹红军等（2009）认为企业的动态能力包括外部协调能力、资源获取能力、内部整合的能力、资源释放能力和动态信息利用能力五个维度。威尔海姆等（Wilhelm et al.，2015）认为动态能力应包括感知、学习和重构三个维度。

在动态能力的测量方面，因为动态能力是一个较为抽象的能力概念，学者们对它的测量方式也会根据其对概念的了解差别而存在差异。大部分学者都根据自己对动态能力概念的界定将动态能力区划为多个维度，通过自主开发量表对其开展测量比如，维尔登和古德根（Wilden & Gudergan，2015）从动态能力的定义为切入点，将其分解成可测量的维度，通过生成量表问卷对动态能力进行测量。此外，还有一些学者采用案例研究法（Rindova & Kotha，2001；Makkonen et al.，2014）和仿真的方法对动态能力（Zott，2003）进行测量。

2.3.3　动态能力与商业模式和企业绩效的关系

商业模式的相关文献最近才开始关注动态能力是如何影响商业模式设计、实施和创新从而提升企业竞争优势和提升企业绩效的（Fjeldstad

& Snow, 2018；Teece, 2018）。

首先，商业模式的设计和运作取决于企业的能力。在一个组织的能力组合中，可以分成两个层次（Winter, 2003），一组是微观的基础能力，另一组是高阶能力。微观基础能力包括日常活动、管理和基本的治理能力，组织在一定范围内能够有效地执行既定计划或活动；而高阶能力则是企业的动态能力（Augier & Teece, 2007），包括新产品开发、扩展新的销售市场、在企业集团内部授权、分配、整合资源，以及在不确定情况下制定管理决策。伊斯特比—史密斯等（Easterby - Smith et al., 2009）、扎赫拉等（Zahra et al., 2006）等学者指出动态能力是导致企业取得卓越绩效的能力，管理层通过感知未来可能的途径，设计商业模式以抓住新的或变化的机会，并根据组织的现有形式和未来的新计划确定组织的最佳配置（Teece, 2018）。

其次，商业模式是由动态能力实现的，即动态能力强的组织将能够快速实现、测试和完善新的和修改过的商业模式。一方面，成功的实现依赖于管理层的体系结构设计、资产编排和学习功能，这些都是核心的动态能力。例如，有许多优秀的商业模式都可以被竞争对手复制，但在实践中，竞争对手可能需要很多年才能实现有价值的收益。竞争对手可能会以不同的方式寻找机会、占领市场，但是他们可能缺乏转换商业模式的组织适应性，换句话说，它们的动态能力可能较弱。另一方面，率先采用新颖的商业模式可能会让客户了解新的价值主张，但是却不一定能锁住持续的收益，先驱者需要快速学习，迅速扩大规模，以获取最大的可用利润份额。

再次，企业动态能力对企业绩效能够产生直接的影响（Teece & Pisano, 1997）。研究者们指出，动态能力与企业绩效的关系能够在解释企业层面的成功与失败、竞争优势和私人财富创造。同样，马多克和科夫（Makadok & Coff, 2002）也将动态能力方法概念化为企业创造经济租金或经济利润的因果机制（以及 RBV），企业必须拥有动态能力可以发挥作用的资源。佐洛和温特（Zollo & Winter, 2002）也假设动态能力与卓越绩效和生存之间存在直接联系，在不断变化的环境条件下，对于一个没有动态能力的组织来说，优势和生存能力都将是短暂的。

最后，动态能力具备感知（识别和评估机会）、抓住（调动资源以应对机会并从中获取价值）和转化（持续更新组织）等重要功能，使企业能够调整、重组和创造普通能力（Teece，2018）。通过关注企业内外部的变化，动态能力对于企业构建、完善和转变其商业模式至关重要（Harreld et al.，2007；Teece，2007）。因此，商业模式的价值实现能力受企业动态能力的强弱影响，从而最终影响企业绩效水平。

2.4 环境动态性的相关研究

2.4.1 环境动态性的定义

随着信息化和经济全球化的发展，企业面对越来越复杂、难以预测的动荡环境。企业只有把握环境不确定因素对组织运作的影响程度，才能保持竞争优势。米利肯（Milliken，1987）将环境动态性定义为难以对环境的变化进行准确的预测。根据企业权变理论（Donaldson，2001），企业的结构、绩效、战略选择取决于企业所处的环境，环境动态性会显著影响企业的生存和成功（Koo et al.，2007）。大多数企业都面临着环境的不可预测性和动态性，例如竞争者、供应商、客户、市场、产品与技术变化程度等方面的不可预知和这些因素变化而引起的产品和服务、消费者需求和销售的波动（Dobni & Luffman，2003）。其中，环境动态性是指状态的不确定性，既是对组织环境状态的一种描述，也是一种环境特征（林亚清和赵曙明，2013）。

2.4.2　环境动态性的测量

周晓东和项保华（2003）认为，环境变化可以通过变化的目标、速度以及方向来研究，利用变化的速度更能够说明环境动态性。德丝和比尔德（Dess & Beard，1984）、刘雪峰（2007）认为，测定环境是否动荡主要从变化频率的高低、是否存在固定模式以及是否难以预测三个方面来进行测量。鲍姆和沃利（Baum & Wally，2003）、冯军政（2013）认为，环境动态性体现的是环境变化的不可预测性和不确定程度。在高度动态的环境下，外部环境变化频率较大、速度比较快，所以导致外部环境（包括行业发展趋势、市场需求变化、技术变革等）的预测难度非常大。周等（Zhou et al.，2006）、林亚清和赵曙明（2013）将环境动态性划分为市场不确定性和技术不确定性两个维度进行测量。其中，市场不确定性强调企业对市场需求变动及竞争对手替代等方面的不确定，而技术不确定性则是关注企业所处行业环境中的潜在技术知识和规范等。还有一些学者在市场环境和技术环境的基础上，增加考虑了竞争程度，例如杨卓尔（2016）、任忠义（2020）等学者从市场不确定性、技术的变革程度以及竞争的激烈程度三个方面对环境动态性进行测量。

2.4.3　环境动态性的影响效果

从权变思想考虑，外部环境一直被视为在组织理论研究中起关键调节作用的因素。企业需要格外重视外部环境的变化，并根据环境状况及时调整经营方式、战略。此外，有研究表明，动态能力的表现受到环境因素的调节，动态能力的使用和有用性在动荡环境中大于在稳定环境中（Zahra et al.，2006；Zollo & Winter，2002）。当企业外部环境保持稳定时，企业可以较精确地预测分析客户满意度、市场竞争情况与技术性转型等环境要素的变化，因此不必大费周章地开展摆脱原来的技术性路径的创新活动；而当环境不确定性很高时，企业难以预料环境要素的变化，但可以了解到环境的变化水平和速度都很高，很有可能没法紧跟持续变化的市场的需求，因而公司就很有可能大量地进行大幅度的自主创新或能力的提升，来增强竞争优势和提高企业绩效。因此，本书引入环境动态性作为调节变量，用权变思想去诠释其对商业模式、动态能和企业绩效之间关系的影响。

2.5 研 究 述 评

通过对商业模式、企业绩效及相关领域的文献进行梳理，可以得出如下结论：

首先，尽管学者们对商业模式还是无法给出一个统一的定义，但是商业模式价值类定义正逐渐成为众多定义的主流；商业模式是以顾客价值主张为出发点，创造价值和获取价值的商业逻辑也基本被认同；不同学者基于不同的商业模式定义和构成要素，提出了相对应的结构模型；商业模式属性作为改善企业绩效和提升价值创造的特质，众多学者基于案例分析或文献梳理对其进行了识别。

其次，商业模式具有可以提升企业绩效的特性，商业模式可以直接对企业绩效产生积极的影响或是通过中介变量或是调节变量间接影响企业绩效，或是商业模式作为一个影响绩效的权变因子通过与其他因子匹配对企业绩效产生影响。

最后，商业模式与企业绩效关系研究主要集中在商业模式的构成要素与企业绩效的关系、商业模式类型与企业绩效的关系和商业模式属性与企业绩效的关系。近年来，由于商业模式的属性更能体现价值创造的本质和特性，所以商业模式与企业绩效的研究趋势逐渐从研究构成要素、商业模式类型与企业绩效的关系向商业模式属性对企业绩效影响转变。

然而，关于商业模式与企业绩效关系的研究仍然存在着一些不足之处：

第一，商业模式的实证研究仍以案例研究为主，现有的实证分析数量比较少，而且多集中在高新技术行业、新创企业。

第二，现有文献在剖析商业模式实现价值创造的内在机理时，较多地将商业模式解构成若干要素，分析每个要素及相关关系实现价值创造的作用机理，商业模式属性对企业绩效的作用机理研究比较少。

第三，在商业模式属性的识别方面，大多数学者通过理论推导或文献梳理识别商业模式的关键属性，少数学者通过案例分析或是调查研究识别。并且，商业模式价值创造的源泉是多样性的，但是目前都是在特定情境中识别出的特定价值源泉（例如针对初创企业、电子商务企业），现有文献也只考虑了商业模式的部分属性。在商业模式属性研究方面，主要集中在企业层面的商业模式特征，没有考虑商业模式是如何跨企业边界与顾客、供应商、合作伙伴等联系并创造价值的。基于商业模式是一个嵌套在企业和价值网络中的分析单元，所以对商业模式的属性研究也要关注企业利益相关者对价值创造的重要性。在商业模式属性的理论应用方面，对商业模式属性的探究多采用传统的理论，比如企业资源观、交易成本等理论，较少借助动态能力、商业生态系统等新兴理论。

第四，商业模式属性的测量还在探索阶段，注重中国情景开发和设计的量表较少。我国大多数学者是借鉴国外的商业模式量表，但是由于政治制度不同、经济结构以及社会理念不同，国外量表未必适用在中国情境中的企业。

第五，商业模式对企业绩效影响的中介变量有待发掘。商业模式本身是一套复杂的、要素之间相互依存的惯例，会随着环境变化和企业能力的增长而不断进行学习、调整和演化。而动态能力作为一种高阶能力，能够在商业模式价值创造和价值转化为绩效的过程中发挥着重要作用，但是现有研究对动态能力与商业模式和企业绩效之间的作用机理研究还不够充分和深入。

为了弥补现阶段的研究的不足，本书提出"优秀商业模式具有哪些共同的关键属性"这一研究问题，将从识别商业模式的关键属性为出发点（详见第 3 章），采用定性和定量相结合的方法探索商业模式属性及其包含的内容，在已有属性测量量表的基础上对商业模式属性的测量量表进行再开发和大样本的实证检验以此来探讨与企业绩效的关系。

2.6 本章小结

本章围绕商业模式、企业绩效、动态能力和环境动态性的相关研究，对国内外相关文献进行了梳理。然后，总结了已有文献的贡献和不足之处并指出对本书的启示，为后续理论框架的构建和研究假设的提出奠定了基础。

第 3 章

理论基础与相关概念界定

本章首先归纳和总结了本书中运用的理论，然后在此基础上，结合第 2 章的文献梳理结果，对本书中涉及的主要变量进行相关概念的界定和维度的划分，为理论框架的构建提供依据。

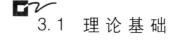

3.1 理论基础

3.1.1 价值逻辑

价值逻辑是由德国文德尔班等人提出的逻辑学说，主张从价值的观点出发重新审视哲学的对象和任务。价值逻辑是以逻辑分析为手段，对价值概念、价值命题进行研究（周农建，1995），包括逻辑学、伦理学和美学。例如，艺术品拍卖的最终价格取决于其背后的价值逻辑。商业模式通常被描述为企业运作方式背后的"逻辑"，是企业如何创造价值、将价值转移给客户以及通过适当机制为自己捕获价值的基本逻辑（Teece，2010；Osterwalder & Pigneur，2010；Fielt，2013）。

"价值"在交易活动中是指使用价值和交换价值（Bowman & Ambrosini，2000）。使用价值是指用户根据自己的需求感知到的产品或服务的具体质量，如服务的执行速度或质量，或产品的美学或性能特征。交换价值，定义为在某个时间点，当交换服务或产品时实现的货币金额，或者用户为核心任务、工作、产品或服务的使用价值而向卖方支付的金额。企业经营的主要目的就是使这种主观价值（使用价值）转化为使用者愿意用金钱换取所获得的价值（交换价值）（如图 3 - 1 所示）。

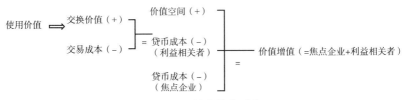

图 3 - 1　价值转化过程

资料来源：魏炜，朱武祥，林桂平. 商业模式的经济解释Ⅱ［M］. 北京：机械工业出版社，2014.

目前，商业模式的研究已由单纯的关注"价值获取""价值创造"过渡到关注从"价值主张"出发，进行"价值创造、价值传递和价值获取"的研究（朱明洋等，2021）。商业模式所创造的价值也从只关注企业价值逐渐扩展到同时关注企业价值、顾客价值和（企业）伙伴价值，解读价值逻辑的理论从价值链理论、价值网理论延伸到商业生态系统理论。

由于商业模式的根本职能在于创造价值，商业模式应该从探寻价值源泉开始，并且围绕着资源聚集、价值交换、价值实现与价值分配的主线展开有价值的活动（白宏等，2012），所有关于商业模式的设计、构建以及创新都应该遵循这个基本逻辑。在商业模式研究的早期，学者们普遍认为商业模式的核心逻辑是一种线性逻辑，即商业模式是从顾客价值主张出发，以顾客为中心开展价值创造和价值传递，最后在实现顾客价值的同时获得企业价值（如图 3 - 2 所示）。

图 3 - 2　商业模式的线性价值逻辑

资料来源：根据文献整理。

后来，美国学者切斯布洛（Chesbrough，2006）深化了商业模式各要素之间的逻辑关系，他认为商业模式表明了一种相互交错的价值逻辑环，不同类型的价值活动紧紧围绕顾客价值主张，并且它们之间互相影响、相互协同，为了满足顾客的价值主张而形成一种良性循环（如图 3 - 3 所示）。

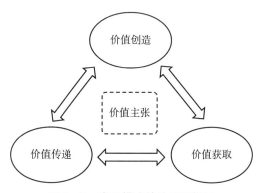

图 3 - 3　商业模式的价值逻辑环

资料来源：根据文献整理。

综上所述，通过从价值逻辑视角对商业模式的本质和内涵进行挖掘，可将商业模式概括为企业通过关注顾客的价值主张，经过一系列价值创造活动为顾客提供了可感知的产品或服务，在实现顾客价值增加的同时也为企业及其合作伙伴获得了（如利润、市场份额等）经济价值。

3.1.2　价值链理论

1985 年，波特在《竞争优势》一书里明确提出了价值链定义。他认为，每一个企业都是设计方案、生产制造、营销推广、交货及其对商品起辅助作用的各种各样主题活动的结合。价值链理论认为对价值创造有直接影响的是初级活动，而支持活动则是通过影响初级活动来影响价值从而影响绩效。其中，主要的初级活动包括实体产品的创建、输入物流、运营、输出物流、营销和销售以及服务。波特（Porter，1985）将价值定义为买家愿意为企业提供的产品或服务支付的金额，价值是以总收入来衡量的。在价值链理论中，价值可以通过价值链的每一步的差异化来创造，通过降低购买者成本或是提高顾客购买产品或服务价格来创造价值。

切斯布洛（Chesbrough，2010）认为，取得成功的商业模式必须是可以创造价值、区别销售市场、定义价值链构造、评定成本结构与价值发展潜力并为企业在与其他利益相关者构成的价值网中精准定位，从而产生竞争策略。我国学者高闯和关鑫（2006）从价值链视角将商业模式定义为在确立外界标准、内部资源和企业能力前提条件下，商业模式是企业价值链的一个函数，并能够将其看作是一种根据价值链自主创新的企业价值主题活动及对这种价值主题活动所涉及到全体利益相关者开展提升、融合以完成企业经济利润的合理的规章制度分配的结合。因而，价值链理论变成剖析商业模式价值逻辑性、组成因素及其自主创新行为的关键基础和理论工具。综上所述，以价值链理论为基础进行的商业模式研究也得到了一些学者的高度重视和应用。

3.1.3　价值网理论

传统企业的边界正在从单一组织转变为组织网络（Lankshorst，

2017）。在信息化时代，商业环境变幻莫测，企业之间的关联更为繁杂，协作市场竞争的意识获得广泛认可，尤其是利益相关者理论的明确提出和价值网络构想的发展，促进企业再次思考其与利益相关者中间的关联，价值创造、传送和获得系统的重新构建。1998 年，亚德里安·斯莱沃斯基（Adrian Slywotzky）在《发现利润区》（*Profit Zone*）一书里初次明确提出了价值网的定义。作者指出，因为消费者要求的提升、互联网技术的冲击及销售市场的激烈竞争，企业应更改业务设计方案，将传统式的供应链管理拓展为价值网管理。价值网络能够对全部利益相关者之间互相影响而产生的价值转化、分配、转移和使用创造关联。

价值网成员在享有充足的共享信息和专业知识的基础上，根据整合各个组织或个体的优势、资源和能力，一同为消费者创造价值，根据一定的价值传递和分配原则，完成消费者价值的创造和企业价值的获得。价值网的观点摆脱了传统式价值链的线性思维和价值主题活动次序分离出来的固有模式，紧紧围绕消费者价值，重新构建原有价值链，使价值链各个阶段及其各不同的行为主体依照总体价值最优化的标准互相对接、结合及动态性互动交流。贝蒂和史密斯（Beattie & Smith，2013）认为，价值已不会再由一家企业独自创造了，而是由企业根据非正规的或宣布同盟与外界合作来一同完成。因而，商业模式可被视作一种考虑到这种合作关系的新的分析单元。杜伯森—托尔贝等（Dubosson－Torbay et al.，2002）认为，商业模式是企业结构和合作方的关联网络，其目的是完成企业的价值创造和价值传递以及产生盈利的客户关系。施魏策尔（Schweizer，2005）运用价值网的理论强调，取得成功的商业模式必须回应下列问题：企业在价值网中如何进行定位；公司用于维护盈利不被稀释的竞争优势来自哪里；企业是否可以从中获得充足的利润。

3.1.4　商业生态系统理论

商业环境中的生态系统是一个源于生物科学的概念，正如生物生态系统由各种相互依存的物种组成一样，商业生态系统也类似地描绘了相互依存的组织网络。在这个网络中，每个成员都为生态系统的整体健康作出贡献，并依赖其他成员生存。反过来，每个成员的生存和成功都受到生态系统的影响，生态系统是一个持续进化的整体（Lansiti & Levien，2004）。商业生态系统的构成包括供应商、分销商、广告商、功能提供商（如风险资本家、企业投资者、投资银行家和天使投资者）、大学和研究机构、监管机构和标准制定机构、司法机构和客户（Adner & Kappor，2010；Iyer & Davenport，2008）。通过生态系统方法，企业可以通过考虑与其合作的供应商和合作伙伴来分享自己的业务，同时评估竞争对手在其能够制造的生态系统方面的实力。商业生态系统成员之间是"协同进化"的关系，是相互依存、彼此进化的关系，进化过程包括在交换知识和资源以及生产产品和服务方面相互补充、支持和互动的系统。

在新一代信息技术的推动下，企业价值创造的重点正在从内部核心资源（Barney，1991）和产业地位（Porter，1985）转变为日益紧密联系的市场中的整体业务系统（Adner & Kapoor，2010）。商业生态系统理论表明，企业越来越依赖与合作伙伴的互动和合作来创造价值，企业可以通过商业生态系统，采用创造和获取价值的新方式，获得竞争优势（Zott et al.，2011）。为了获得竞争优势，企业应该超越自己的界限，重新设计自己的商业模式或价值创造和获取的方法（龚丽敏和江诗松，2012）。

3.1.5　商业模式的冰山理论

商业模式的冰山理论是汪寿阳等（2015）基于知识管理提出的理

论，旨在解释"为什么成功的商业模式难以被复制"这一管理学难题。"冰山理论"源于社会心理学，弗洛伊德（2011）在《自我与本我》里将人格特质比喻为冰山，自我意识层面和潜意识层面分别为冰山的水上部分和水下部分。其中，水下部分的人格特质才算是个人发展趋势与行为表现的决定因素。商业模式的冰山理论从知识管理系统的角度，将商业模式划分为便于分析的水上部分（显性知识）和难以分析的水下部分（隐性知识）（如图3-4所示）。商业模式的显性知识包括是商业模式的基本构成，比如商业模式画布（BMC）（Osterwalder & Pigneur，2010），商业模式的构成要素或框架；而商业模式的隐性知识包括企业文化、组织外部环境、行业类别、技术等因素。例如，不同的企业从商业模式的构成要素或构成框架进行分析可能会被划分为同一种类型的商业模式从而得到相似的结论，但是这些企业的商业模式在实际实施的过程中，由于受到外部环境，例如区域差异、社会制度、行业规范等影响，企业绩效会产生很大的差异，甚至是企业经营成功或破产的差异。究其原因，商业模式是一个复杂的系统，需要进一步挖掘企业商业模式实施过程中的隐性知识，只有将显性知识和隐性知识相结合，才能力得到更加科学合理的结论。

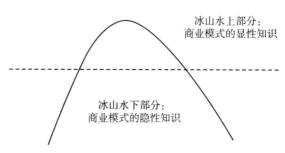

图3-4　商业模式的冰山理论

资料来源：汪寿阳，敖敬宁，乔晗，等. 基于知识管理的商业模式冰山理论［J］. 管理评论，2015（6）：3-10.

3.2　本书对相关概念的界定

3.2.1　商业模式

（1）价值逻辑视角的商业模式定义

尽管研究者对于商业模式的定义众说纷纭，但是越来越多的学者开始从价值逻辑视角对商业模式的含义进行描述。商业模式描述了如何开展业务；它包括对利益相关者（如客户和合作伙伴）、对其他利益相关者的价值主张的描述，以及在组织层和网络层价值创造、价值交换和价值捕获的基本逻辑。此外，它还定义了实现价值创造、价值交换和价值捕获逻辑的业务架构（组织所有关键要素的逻辑，如信息、价值创造活动、利益相关者和价值交换关系）（Al-Debei & Avison，2010；Zott et al.，2011）。

商业模式的本质在于企业向客户交付价值、吸引客户为价值付费并将这些付款转化为利润的方式（Teece，2010），作为一种价值创造的逻辑和方法，商业模式在解释企业竞争优势和企业绩效有越发重要的作用（Amit & Zott，2012；Johnson，2008）。其实，商业模式的核心逻辑是价值逻辑，价值创造是核心议题（郑明赋，2018），商业模式定义核心是试图解释什么是价值（Magretta，2002；Doganova & Eyquem Renault，2009；Chesbrough，2006）、如何通过架构和网络创造价值（Amit & Zott，2001）以及如何获取价值（Chesbrough，2006；Zott et al.，2011；Hedman & Kalling，2003）。因此，本书基于价值逻辑角度对商业模式的定义为：商业模式是企业以顾客价值主张为出发点，通过一系列价值活动和价值传递为顾客、企业和价值网络伙伴创造价值并从中获取价值的商业逻辑。

（2）价值逻辑视角的商业模式的构成要素

关于商业模式构成要素的探讨，已有的文献在分析生产经营要素之间关系的基础上，逐步深入关注企业价值主张的实现机理，强调顾客、企业、价值网络伙伴之间互动方式对于企业价值实现的重要意义。

在众多以"顾客价值主张"为起点的商业模式定义中，奥斯特沃德和皮尼厄（Osterwalder & Pigneur，2010）提出了一种最全面的商业模式构成要素组合，他们将商业模式理解为一个基本原则，根据这一原则，组织可以创造、转移和获取价值。在此背景下，作者提出商业模式涵盖的九个要素：价值主张、客户细分、渠道通路、客户关系、收入流、关键资源、关键活动、关键合作伙伴和成本结构。基于前文对商业模式定义、构成要素文献的梳理，以及将要进行的实证研究，本书认为运用奥斯特沃德和皮尼厄（Osterwalder & Pigneur，2010）的商业模式画布（BMC）设计方法提出构成要素和要素之间逻辑关系较为合适，原因如下：首先，奥斯特沃德和皮尼厄（Osterwalder & Pigneur，2010）在设计商业模式画布（BMC）时提出的导向问题（①提供什么；②向谁提供；③如何提供；④收入多少；⑤成本多少）符合商业模式的价值逻辑。另外，奥斯特沃德和皮尼厄（Osterwalder & Pigneur，2010）提出的商业模式画布至少在一般水平上描述了商业模式构成要素的内容，要素及其内容描述在管理实践中有着广泛的接受度，经过了实证主义和经验主义语境的检验。因此，本书在确定商业模式构成要素和商业模式的结构模型时，以奥斯特沃德和皮尼厄（Osterwalder & Pigneur，2010）提出的商业模式画布（BMC）为基础，从价值逻辑的角度进行对个别构成要素的表述从进行修正和重新表述。

本书对商业模式画布（BMC）在要素和结构两个层面上进行修订和重新表述，目的是将所有相关构成要素从价值逻辑角度解读具有一致性。

首先，就以价值为核心而言，可以把商业模式结构模型所表达的核心内容归结为价值主张、创造价值、传递价值和获取价值。这四种与价值相关的行为分别对应于商业模式画布的提供物模块：价值主张（即如何洞察顾客需求并提出个性化的价值主张）、基础设施模块（即以价值主张为依据用利益核心资源、与重要伙伴合作开展核心业务来创造价值）、顾客模块（把创造出来的价值成功地传递给顾客）、财务模块（在向顾客传递价值的同时，通过设计有效的交易机制来获取价值）。此外，这四种与价值相关的行为彼此之间是相互关联、相互影响的，不是 BMC 中简单的模块拼接。因此，本书将"价值主张、创造价值、传递价值和获取价值"界定为商业模式的构成维度（和构成要素相比，更侧重相互之间的关联和逻辑关系）。

其次，确认每个维度所包含的内容。价值主张维度包括：产品或服务；价值创造维度，将"核心资源"修正为"资源和能力"、将"客户细分"修正为"目标客户"、将"重要合作"修正为"价值网络"。表 3-1 概述了原始商业模式画布构成要素和修订后的商业模式构成维度之间的结构差异。下一个小节将详细说明修正后的商业模式构成维度与要素的具体内容。

表 3-1　　　　修正后的商业模式构成维度和包含内容

模块	BMC 商业模式要素	维度	包含内容
提供物	价值主张	价值主张	产品或服务
基础设施	关键业务	价值创造	关键业务
	核心资源		资源和能力
	重要合作		价值网络
顾客	客户细分	价值传递	目标客户
	客户关系		客户关系
	渠道		渠道
财务	成本结构	价值获取	成本结构
	收入来源		收入来源

资料来源：本书整理。

①价值主张。价值主张又叫客户价值主张（customer value proposition，CVP）。在构成商业模式的基本要素中，最一致认同的要素是价值主张，价值主张是企业通过针对某个群体的需求而制定一个新的元素组合来为该群体创造价值（Osterwalder & Pigneur，2010）。企业为客户所创造的价值可以定量衡量，如价格、服务响应速度等；也可以定性衡量，如设计、客户体验等。从价值主张的定义可以概括出所包含的核心要素——产品或服务。企业可以通过几种方式来满足客户需求，通过为客户提供有价值的或超值的产品或服务。例如，针对某些客户或客户群体的某项需求提供定制的产品或服务从而创造价值，通过改进产品或服务的性能的方式创造价值等。然而，有的价值主张满足的是客户之前从未想过或从未察觉到的全新需求，因为之前从来没有类似的产品或服务存在，而是通过企业对产品或服务的创新、或利用科技来实现的。鉴于此，价值主张维度包含产品或服务。

②价值创造。价值创造是商业模式中的一个核心概念，它是两方或多方在进行互利交易时所享有的增值（交换价值和使用价值）（Bowman & Ambrosini，2000）。

商业模式价值创造主要包括根据客户资料的发掘，产生对潜在消费市场的精确认知能力和分辨，准确定位顾客的价值主张，以此作为影响业务流程运营活动的输入自变量和运营全过程中获得预估价值的基础。其次，商业模式将原料、信息内容、自主创新等资源和能力变换为达到消费者要求的商品、服务项目等具备价值特性的输出，完成价值升值。勃兰登堡和纳尔波夫（Brandenburger & Nalebuff，1996）在出版的著作《合作竞争》中提出商业模式的"价值网络"是指对于价值创造过程中形成的新形式战略网络。商业模式可以与商业生态系统中的其他企业建立重要合作，通过优化自身的商业模式、降低风险或者获得资源一起创造价值并建立稳定的价值网络。古拉蒂（Gulati，2000）指出，"焦点企业与其他企业之间可以采取战略联盟、合资企业、长期稳定的买方—供应商伙伴关系和其他联系的形式"，从而构成一个价值网络。因此，价值创造维度包括：关键业务、资源和能力、价值网络。

③价值传递。企业商业模式构建的最终目的是将企业创造的价值传递给顾客和其他交易的参与者。所以，价值传递的内涵是企业利用分销渠道把产品或服务传递给目标客户（包括个体或组织），并与客户建立长期稳定的联系。价值传递为交易的参与者提供价值，即使他们不直接参与交易关系；有一些隐藏的收入，是依靠次级合伙人获得的（Tesch，2016）。企业不仅最大化地为顾客创造了价值，并且企业作为价值网络或价值链中的参与者之一，与全部的参与者一起，为全部价值网或合作方创造了价值并传送了价值，完成了价值提升。相应地，企业也可以接受从合作企业传递过来的价值。商业模式应该能够产生足够的价值，以保证对价值网络中的参与者承诺。如果价值网络中的参与者无法获得足够的回报，他们将不会致力于商业模式共同构建，从而使其无法实现（Chesbrough et al.，2006）。因此，价值传递维度包括目标客户、渠道、客户关系。

④价值获取。鲍曼和安布罗西尼（Bowman & Ambrosini，2000）将价值获取定义为利润，即企业从客户那里获得的产品交换价值（即收入）与企业为生产该产品所需资源而向资源供应商支付的交换价值（成本）之间的差额。企业只有为每一个目标客户提供了真正能够满足其需求的产品或服务，才可以从该客户获得收入来源。一个商业模式可能包含的收益来源可以分为两种类型：一次性交易产生的收入和因向客户传递了新的价值主张或提供了售后支持而带来的持续收入。在满足客户需求的同时，还要考虑商业模式运行过程中所发生的所有成本。在价值创造、价值传递过程中（如维持客户关系）都会发生成本。然而，并不是所有企业的商业模式都追求成本最小化，这取决于企业的成本结构导向（价值导向还是成本导向）甚至企业的战略（差异化战略还是成本领先战略）。本书中的价值获取维度包括成本结构和收入来源。

综上所述，本书界定的商业模式构成维度及其内容描述如表3-2所示。

表 3-2 商业模式构成维度及描述

商业模式维度	包含内容	描述
价值主张	产品或服务	能够满足客户的某项特定的需求或潜在需求，或是能够为客户带来全新的体验
价值创造	关键业务	保障企业商业模式正常运行所需做的重要活动
	资源和能力	能为顾客创造价值的有形或无形资产，以及合理有效使用资源的能力
	重要合作	能保证商业模式顺利运行所需的商业生态系统中的其他企业间的合作（如与供应商和合作伙伴）
价值传递	目标客户	企业想要获得的和期望服务的不同的目标人群或组织
	客户关系	企业针对某一客户群体所建立的关系类型
	渠道通路	企业和客户之间一系列价值传递的方法或中介
价值获取	成本结构	商业模式运营所发生的全部成本
	收入来源	因提供满足客户需求的产品或服务而获得的收入

资料来源：本书整理。

（3）价值逻辑视角的商业模式的结构模型

基于商业模式的价值逻辑的概念，本书提出的商业模式模型将按照价值产生的过程和涉及的层面，分为价值主张、价值创造、价值传递和价值获取四个维度。每个维度之间不是单纯的线性关系，而是相互影响、相互作用的环状逻辑关系。本书提出的商业模式结构模型试图将奥斯特沃德和皮尼厄（Osterwalder & Pigneur，2010）提出的商业模式画布上的静态要素组合方式转换成动态的价值创造过程，同时参考切斯布洛（Chesbrough，2006）提出的价值逻辑环，构建一个能体现企业价值创造、价值传递和价值获取过程和要素之间相互关系的结构模型（如图3-5所示）。

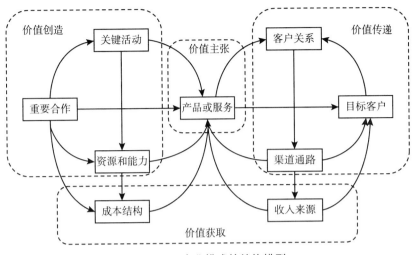

图3-5　商业模式的结构模型

资料来源：笔者绘制。

（4）价值逻辑视角的商业模式属性的识别

在已有文献中经常强调，成功的企业需要一个"好"的商业模式。但是商业模式的成功属性是什么以及成功商业模式所具备的属性对企业绩效有什么样的影响？实践界和学术界已经开始从属性方面解读商业模式与企业长期获利之间的因果关系。尽管文献中关于商业模式价值创造的驱动因素或价值源泉研究的数量在逐渐增多，但是正如福斯和萨比（Foss & Saebi，2017）所说，迄今为止，还没有多少研究能将商业模式的属性与竞争力增强企业绩效提升联系起来。这是因为对商业模式的关键属性缺乏系统的认识，特别商业模式所蕴含的具有"价值驱动能力"的属性提炼不足。无论在理论还是实践方面，商业模式属性与企业绩效之间关系的仍需要进一步探究。因此，对商业模式深层次的研究应该从探寻商业模式价值创造的属性入手。

鉴于已有研究中通过文献梳理识别的商业模式关键属性与实践中商业模式所表现出的关键属性可能存在偏差，为了能够全面和客观地识别商业模式的关键属性有哪些，本书采用统计调查研究来进行识别。统计调查研究广泛应用于各个学科领域，包括政治学、社会学、经济学、教育学和管理学科（李怀祖，2017）。问卷调查法是统计调查研究常用的方法，通过问卷调查可以准确地收集被试者对问题的看法，而在探索性调查问卷中设置开放式问题，要求被试者用自己的语言把观点、态度和特征表达出来，经过信息整理、归纳、科学分析等程序，可以揭示出问题的本质。因此，本书采用含有开放式问题的问卷调查作为商业模式关键属性识别的方法（见附录1）。

在调查问卷的一部分介绍商业模式的定义，使被调查者了解商业模式的含义。第二部分通过采用开放式问题的形式向管理者提出问题，旨在了解好的商业模式具有哪些特质，即哪些特质是能够使企业获得较高的企业绩效，该问题不限回答项数但是需要按照重要程度依次列出。无论是商业模式的定义还是开放式问题，在表述的时候都有目的地保持简单和通俗易懂，通过这两个步骤，使被调查者在清楚调查目的和问题界定的前提下回答测试问题。

在调查过程中，累计发放问卷200份，调查对象包括东北地区MBA在校生和往届MBA毕业生中的企业中高层管理者，发放问卷120份；另外，通过全国各地亲朋好友向企业中高层管理者发放问卷80份，两种方式共回收问卷158份，有效问卷124份，问卷的有效回收率是78.5%。被调查企业与被测者描述性统计如表3-3所示。通过对商业模式关键属性调查问卷的整理和分析，共收集词条369个，通过对信息归类和整理，对词条中的高频词块进行开放式编码。

邀请两位编码者交替进行独立编码和讨论，分阶段对内容进行编码。一位编码者对本书的上下文、相关术语和文献非常熟悉，另一位编码者是一名会计学专业的研究生，对上下文、术语或文献不太熟悉。在每一个独立的编码阶段之后，两位编码者会比较编码结果并讨论差异。最终，76个词块与研究主题不相关，被归为"无意义"类别，剩余293个词块按关键词进行分类和归纳，编码过程如图3-6所示。其中，归属新颖性范畴的词库出现频次是96次、归属可持续性范畴的词库出现频次是 74 次、归属效率范畴的词库出现频次是 48 次、归属可扩张性范畴的词库出现频次是 33 次、归属价值共创性范畴的词库出现频次是 27 次，另外一些范畴的词块出现频次低于 5 次（例如难以模仿；风险管控能力；人性化等），所以不纳入关键属性研究。参考刘卫星（2013）学者的研究方法，选取统计频次超过总体半数的属性做关键属性进行研究。

表 3 - 3　　　　　　　　　被调查企业与被测者描述性统计

描述指标		样本数	占比（%）	描述指标		样本数	占比（%）
成立年限	3 年以下	2	1.61	性别	男	69	55.65
	3～5 年	13	10.48				
	6～10 年	37	29.84		女	55	44.35
	10 年以上	72	58.07				
行业领域	制造业	57	45.97	学历	专科及以下	1	0.8
	建筑业	7	5.65				
	信息传输、计算机和软件业	26	20.97		本科	15	12.1
	批发和零售业	10	8.06				
	餐饮业	5	4.03		硕士	107	86.29
	金融业	6	4.84				
	教育	5	4.03		博士	1	0.81
	其他	8	6.45				
企业性质	国有及国有控股	30	24.2	职位	中层管理者	105	84.68
	民营企业	78	62.9				
	中外合资企业	11	8.87		高层管理者	19	15.32
	外商独资企业	5	4.03				
员工人数	100 人及以下	31	25	工作年限	1～3 年	19	15.32
	101～300 人	38	30.65		4～6 年	47	37.9
	301～1000 人	32	25.8		7～9 年	32	25.81
	1000 人以上	23	18.55		10 年以上	26	20.97

资料来源：本书整理。

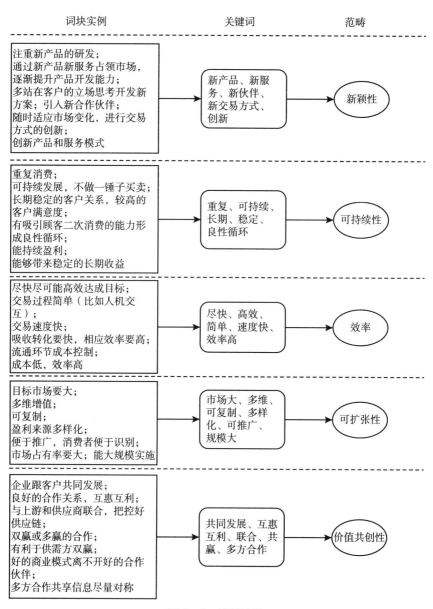

图 3-6　编码过程

资料来源：根据问卷反馈整理。

因此，从统计结果上看，识别出的关键属性范畴占调查结果的75.3%，认为能够代表商业模式关键属性的主要类型①。

为了深入研究商业模式的关键属性，在调查问卷的基础上，结合现有文献对各个商业模式关键属性的内涵进行界定。

①新颖性。最早提出新颖性作为商业模式主要特征的佐特和阿米特，将新颖性的商业模式解释为其本质是采用新的经济交易的方式，例如通过联系以前没有联系过的利益相关者、以新的方式联系交易参与者或者设计新的交易机制（Amit & Zott，2001）。商业模式的价值创造的水平将取决于目标顾客对所考虑的新任务、产品或服务的新颖性和适当性的主观评价（Lepak et al.，2007），企业所提供的产品或服务的新颖性和适当性越大，对用户的潜在使用价值和交换价值就越大。以新颖性为中心的商业模式设计的本质是采用新的活动或新的交易结构或新的交易管理方式。所以，商业模式的新颖性属性可以使商业模式更具有独特性、替代品减少，从而导致其他商业模式的利益相关者的转换成本增加。由于交易方式的改进可以使交易变得更加方便、快捷，因此能够给需求者（不仅仅是消费者）带来直接的效用增值。本书中商业模式的新颖性是指采用新的价值创造方式、新的交易方式或新的价值传递的方式。

②效率。根据交易成本理论，当每笔交易成本降低时，交易效率就会增加。因此，企业由于交易效率所产生成本越低，所带来的收益就越大，创造的价值就越大。根据威廉森（Williamson，1989）在其著作《交易成本经济学》中的观点，提高效率可以将具有信息不对称和复杂性在内的交换属性决定的交易以最小化交易成本和最大化绩效的方式实现。通过增加交易的可靠性、降低交易的复杂性、降低信息不对称程度、加快交易频率、提高交易的灵活性、降低交易成本和交易风险，这

---

① 识别出五个属性的英文分别是 Novelty，Sustainable，Efficiency，Expansibility，Value Co-creation，为了方便记忆，用各关键词的首字母将其缩写成 NECES（"必要的"意思），后文中的讨论和检验也按照此顺序。

些方法都可以提高商业模式的效率（江积海，2016；Zott & Amit，2007），从而提升企业绩效。因为交易成本降低了，对客户要求的响应能力大大提高，这些改进通常会导致价格下降和/或增加利润和销售周转率。所以，本书中商业模式的效率属性是指由于提升交易效率降低了平均交易成本给商业模式各类利益相关者带来的价值提升。

③价值共创性。从价值网络理论出发，企业的网络配置与价值创造之间存在联系（Amit & Zott，2001）。价值创造的中心可能是价值网络而不是某个企业，潜在的联盟伙伴、供应商和顾客都是价值创造者。普拉哈拉德等（Prahalad et al.，1990）学者后来将这种观点称为"价值共创"。商业模式的价值共创性主要指企业未来的竞争依赖于一种新的价值创造方法即以个体为中心，由消费者、供应商、联盟伙伴等其他利益相关者与企业共同创造价值（魏想明和刘思嘉，2020）。价值共创这一概念被提及的较多情况是指在体检经济时代，消费者在交易的全过程中参与度较高并且形式也比较多样。在商业模式研究领域，价值共创性的研究范围等到了扩展。阿米特和佐特（Amit & Zott，2012）发现新的环境下价值创造的边界已经超越了企业和行业边界，商业模式扩展了企业的资源，企业与各方相关者在交易的过程中共同创造价值。魏炜等（2012）指出企业的价值来源更多决定于企业通过交易结构设计，能够撬动、调配多少利益相关者的资源能力禀赋，使得交易参与者形成相当紧密的交易关系，客观上形成了类似于企业的组织形式，从而使企业得以获得超过自身规模的经营能力。本书中商业模式的价值共创性是指企业与其他交易参与者形成了可以共享资源能力的紧密的交易关系，使企业可以不受自身资源能力的束缚，创造出更大的价值。

④可扩张性。关于可扩张性的文献，主要有两类观点。第一类是认为商业模式的可扩张性是指商业模式是可以复制的。例如，邓福德（Dunford，2010）认为企业对商业模式进行反复的应用，并在反复应用过程中对商业模式进行改进和完善。张晓玲等（2015）认为商业模式的可扩张性是指核心企业对商业模式进行反复使用的难易程度。第二种

观点认为，可扩张性是指企业在增加资源后，能够按照需求提高产出（Nielsen，2014），具体扩张的途径可以包括增加新的分销渠道、打破传动产能限制方式、利用合作伙伴工作等，这些方式能够给企业带来成倍的加速回报而不是传统方式带来的线性回报。本书认为，这两种观点其实并不矛盾，都是商业模式可扩张性的表现。一种是建立在顾客重复消费或业务重复使用的基础上，而另一种是通过拓展新用户或新业务模型为基础的，在实践中，也有许多其企业是同时使用这两种方式来进行扩张的。总之，建立一种具有高度可复制的、具有扩展性的商业模式，以及如何与合作伙伴建立并维持长期合作关系，都是对商业模式的成效具有重要影响的因素（曹学进，2020）。因此，本书中商业模式的可扩张性属性是指通过商业模式的反复应用或拓展新的市场、新产品使企业利润得到提升。

⑤可持续性。在商业模式可持续性研究的早期，学者们对商业模式可持续性的思考主要从经济层面出发，围绕可持续盈利或收入和可持续竞争优势展开，认为好的商业模式应该使一个企业在一段时间内赚钱并维持其利润流（Stewart et al.，2000；Linder & Cantrell，2000；Morris et al.，2005；Teece，2010）。吕德克—弗伦德（Ludeke-Freund，2010）将商业模式的可持续性描述为通过卓越的客户价值创造获取竞争优势并帮助企业的经营成果得到可持续发展。近些年，随着企业竞争压力的不断增大，所处的外部环境不断变化，学者们对商业模式的可持续性的研究扩展到经济、生态和社会三维层面。企业承担生态责任与社会责任能够帮助企业获取可持续竞争优势，但是不排除有些企业承担生态责任与社会责任背后隐藏着经济动机（Hope，2018）。里塔拉等（Ritala et al.，2018）认为要构建一个成功的、可持续发展的商业模式还需要让各种利益相关者积极地参与其中。本书通过企业中高层管理者的问卷调查，发现实践者们对商业模式的价值创造和提升绩效的理解，还是聚焦在商业模式可持续性带来的经济影响力，在市场经济导向下，商业模式的可持续性是使企业获得市场竞争优势以及实现经济价值最大化。因

此，本书认为商业模式的可持续性属性是指商业模式各构成要素、资源能力的配置和调整能够给企业带来长期稳定经济绩效的程度。

此外，本书认为，商业模式的属性之间是相互影响、相互依赖的关系。首先是效率和可扩张性之间相互影响。例如，某二手车交易平台，通过向顾客提供最新、最全面的信息和移除中间商交易的方式来减少买卖双方的信息不对称现象，从而提升交易效率；与此同时，在交易过程中产生的营销和销售成本、交易处理成本和沟通成本则可以通过可扩张性（即增加交易平台的交易数量、扩大潜在交易用户注册数量等方式）来降低，最终提高企业创造价值的能力。其次是价值共创性和新颖性之间相互依赖。通过将以往价值的创造者（企业）、收入的来源（顾客）和成本及成本协调者（供应商和竞争对手）以新颖的方式连接起来，共同创造价值。比如一些产品或服务对客户免费提供（例如，免费杀毒软件、免费短视频 app），客户不再是交易中的收入来源，而是通过客户的需求催生出新的产品或服务，其他的交易关联方为此买单，提供收入来源。再次是可持续性和可扩张性可以协同发展。当企业的商业模式变得日趋成熟，企业与交易中的各方关系逐步稳定，追求规模经济和协调效应的行业或企业会考虑通过商业模式复制的方式进行"裂变"。比如，沃尔玛、家乐福、国美、苏宁等企业，以规模发展和统一管理实现了"统购分销"，不仅降低了成本，还可以提供市场占有率，实现企业的长足发展。最后是新颖性和效率之间存在着重要的联系。例如专车服务的问世，通过利用闲置资源和不是核心资源这种"逆向思维"创新了交易方式，配合手机 app，想用车的人和能提供服务的人状态和位置可以动态更新和相应匹配，减少双方的信息不对称性，提高交易效率。

3.2.2　企业绩效

企业绩效是指一定经营期间内企业成本投入与产出之间的比较，主要表现在企业的盈利状况、资产运营、偿债能力和发展创新等方面。关于企业绩效的测量，虽然客观指标更加科学和严谨，但是企业并不愿意披露所有的信息，特别是非上市公司，涉及绩效的相关信息就更难获得。此外，客观指标也无法反映不同行业之间的企业差异（Covin & Slevin，1989），因此，一些学者主张采用主观测评的方式衡量企业的绩效水平，这种方法更加灵活并且获取也比较方便。主观测评的方式与客观指标测评在效度上没有明显的区别（Dess & Robinson，1984）。另外，考虑到多维度测评比单一维度测评更加能够反映企业绩效的全貌，以及商业模式的实施效果具有时滞性问题，所以本书参考维克隆德和谢泼德（Wiklund & Shepherd，2005）的研究方法，将企业绩效分为财务绩效和市场绩效，从这两个维度进行测量。财务绩效体现了商业模式创造的价值转化为经济效益的水平，而市场绩效可以反映出商业模式为企业创造价值的潜力和被认可程度，两者结合能够体现商业模式价值创造和价值转换给企业带来的整体绩效水平。

3.2.3　动态能力

本书参考蒂斯和皮萨诺（Teece & Pisano，1997）的观点，将动态能力定义为企业动态感知和识别外部环境的变化，灵活改变资源和能力基础，促使组织惯例不断演化和更新，从而提升环境适应性的一种高阶能力。动态能力决定了企业的一般能力（如有效的营销策略、有效的制造过程）是如何开发、增强和组合的，以及感知和评估机会和威胁、抓住机会、缓解威胁并从中获取价值和重新配置公司的有形和无形资产以保持竞争力（Helfat et al.，2015；Augier & Teece，2007）等方面的能力。在动态能力的测量上，本书根据动态能力的定义和动态能力在商业模式实施过程中所需要应用的能力，参考刘刚和刘静（2013）、帕夫洛和萨维（Pavlou & Sawy，2011）等的研究成果，对动态能力从环境感知能力、学习能力、整合能力和重构能力四个维度进行测量。其中，环境感知能力是指企业感知、识别外部环境变化，感知机会和威胁的能力；

学习能力是指企业对知识和信息的应用更新以适应环境变化的能力；整合能力是指企业调配资源完成任务的能力；重构能力是指企业对现有的资源和能力进行创新和重新配置来应对市场和环境变化的能力。

3.2.4　环境动态性

根据文献梳理，参考施罗德等（Schrauder et al.，2018）、周晓东和项保华（2003）等的研究，认为环境动态性是反映企业外部环境随着时间的不断推移而发生改变的幅度大小和频率高低，能够从整体上表现企业外部环境动态性和不确定性的程度，本书将环境动态性定义为企业所处外部环境不断变化且这种变化不可预测的一种状态。因此，较高的环境动态性具有变化幅度大、变化频率快、难以预测等特点，导致顾客需求变化频繁、行业发展速度较快、市场上同类产品的更新速度加快、技术变革以及竞争者行动具有高度不确定性等特征，增加了企业对外部环境的把控难度。在测量方面，本书参考贾沃斯基和科利（Jaworski & Kohli，1993）、孙连才（2013）、杨卓尔（2016）等的研究成果，将从市场动态性、技术动态性和竞争程度三个方面进行测量。

3.3　本章小结

本章首先对价值逻辑学说、价值链、价值网、商业生态系统和商业模式的冰山理论进行了回顾。其次，以第 2 章文献综述为基础，提出价值逻辑视角下的商业模式的定义、构成要素和结构模型，并运用统计调查方法从实践者视角识别了商业模式的属性。最后，界定了本书中其他主要变量企业绩效、动态能力和环境动态性的概念和维度。

第4章

理论模型与研究假设

本章在理论分析和逻辑推导的基础上，探讨商业模式与企业绩效的关系以及动态能力的中介作用和环境动态性的调节作用，根据分析结果构建了本书的理论模型；然后根据推导的主要变量之间的关系提出相应的研究假设。

4.1 理论模型的构建

本书以价值链、价值网理论为基础，并结合动态能力理论和商业模式的冰山理论，从商业模式价值创造的关键属性为出发点，分析商业模式与企业绩效的关系。

首先，从价值链、价值网理论来看，商业模式就是企业创造价值的方式，是企业为自己、供应商、合作伙伴及客户创造价值的决定性来源。因此，商业模式与企业绩效关系密切，甚至某种程度上决定了企业的经济绩效（文亮，2011）。在商业模式的构成中，价值主张是指企业根据顾客的需求提供产品或服务，所以价值主张是企业获得收入来源的起点；而价值传递，是将生产好的产品或服务交到顾客手中，在此过程中可能会产生一些增值服务，比如良好的购物体验、快速的配送服务或是便捷的支付方式，这是企业获得收入的途径和过程；价值创造和价值获取则是从企业的角度使企业增值的方式。由此可见，商业模式在企业资源和能力转化为经济绩效过程中起着非常重要的作用，可以用来解释企业绩效的异质性成因（江积海，2015）。一家拥有独特商业模式、比竞争对手创造更多价值的企业拥有潜在竞争优势，在其他条件相同的情况下，商业模式有可能为企业获取更多价值。以往的研究表明，商业模式具备的属性不同，导致企业的绩效也存在差异化。因此，在第3章对商业模式关键属性的识别的基础上，本书试图进一步揭示商业模式的关键属性对企业绩效的影响机制，旨在回答"商业模式共同的关键属性是否能够给企业带来高水平的绩效"。

其次，在商业模式直接影响绩效的机理中还存在大量未能解释的部分。大多数的商业模式的研究采用多要素的结构化研究，认为能够较为清晰地展示成功企业的商业模式构成，但是却无法解释一些成功的商业模式无法复制的原因（吴超，2017）。商业模式与企业绩效关系之间，一定还存在着影响商业模式效能发挥的因素。根据商业模式冰山理论，商业模式的构成只是冰山上的显性知识，而企业的内部环境和外部环境则是冰山下的隐性知识，只有全面考虑商业模式的显性和隐性知识才能全面地解释为什么一个企业的商业模式是成功的或难以复制的原因。而商业模式所具备的属性特征也需要通过恰当隐性知识的应用才能发挥最大效应。国外学者巴登富勒（Baden-Fuller，2010）也表达相似的观点，她将商业模式比喻成"食谱"，食谱本身是可以复制，也可以进行变化和创新，但是是否能做出一道色香味俱佳的菜肴还依赖于相当多的烹饪工艺这类隐性知识，以及如何表达和使用这些知识。本书认为，企业的动态能力能够决定商业模式的价值创造的程度和效果。一个具有强大动态能力的企业能够有目的地构建和更新资源、资产和普通能力，根据需要重新配置这些资源、资产和能力，以创新和应对市场变化。企业动态能力的强弱决定了企业资源（包括其商业模式）与客户需求和期望相结合的速度和程度（以及相关成本），换句话说，商业模式在动态能力的作用下创造价值并向利益相关者提供价值。此外，商业模式通过企业的动态能力能够显著提升企业绩效，但是外部环境的不确定性，可能会影响企业动态能力的实施以及对企业绩效的影响作用（Desyllas & Sako，2013；蔡俊亚，2015；杨雪等，2019）。因此，基于动态能力是影响商业模式实施效果的隐性知识的判断，通过剖析动态能力在商业模式和企业绩效之间的中介作用，试图回答"动态能力能否作为中介变量在商业模式和企业绩效之间产生中介效应"。

最后，根据动态能力的内涵，动态能力本身就体现于对企业所处环境不稳定或存在波动情况下的反应，环境动态性程度的高低，会影响动态能力的实施以及对企业绩效的影响的大小（Teece & Pisano，1997）。因此，本书在考虑动态能力在商业模式与企业绩效之间产生中介效应的同时，还考虑了环境动态性对动态能力与企业绩效关系的调节作用，目的是回答"环境动态性是否会影响动态能力在商业模式对企业绩效关系里中介作用的效果"。

基于上述逻辑推导，本书构建的理论模型如图4-1所示。

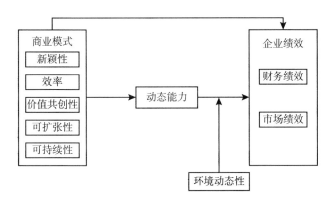

图4-1 本书的理论模型

4.2 研究假设

4.2.1 商业模式属性对企业绩效的影响假设

国内外的文献研究均有显示，商业模式属性对企业的绩效水平有显著影响。商业模式已经成为影响企业绩效的重要因素和有帮助企业获得可持续的竞争优势的重要途径（Kim et al.，2007）。

商业模式的新颖性可以通过发展和改善价值创造过程并扩大价值实现的应用范围来促进企业的价值创造，或者可以通过开发新的交易关系或创新交易渠道来推动更高水平的价值创造能力和交易量，以此来节省交易成本增加利润。另外，商业模式的新颖性可以使企业专注于满足市场和消费者需求，积极推出新产品或新服务，并利用新的市场空间来赢得更多潜在的客户、合作者和供应商，加强了企业与相关方之间的关系。与企业建立关系的人或组织越多，企业在价值网络中的地位越强，其他相关者在交易过程中对公司的依赖性就越强，这样就越有利于增加合伙人的转换成本，以增强企业的议价能力，扩大企业的竞争优势和提升企业绩效（Frank et al.，2016）。新的交易方式还能帮助企业识别出潜在的顾客和顾客需求，甚至能够创造一个全新的市场，特别是一些新兴产业运用商业模式进行颠覆式创新。

根据交易成本理论，企业的经营规模越大，市场交易变得更趋向于内部化，越有利于降低交易成本，从而促进企业绩效提高。商业模式的效率属性可以帮助企业通过增加交易的可靠性、降低交易的复杂性、减少信息不对称程度、加快交易频率、提高交易的灵活性或减少直接和间接的交易成本等方式提高交易效率从而提升企业的绩效水平。另外，以提升效率为核心的商业模式可以帮助企业促进业务各方之间的信息交换，企业通过流程标准化、信息共享、资源共享和低成本等降低交易复杂性、信息不对称性和不确定性，从而提高交易效率（魏泽龙，2019）。效率提高所带来的信息共享的速度增加，合作伙伴的信息不对称正在逐渐减少，以此提高合作伙伴对产品以及有关需求的信息的了解，进一步了解市场的总体需求情况，从而大大降低交易成本和促进企业绩效提升（Zott & Amit，2008；Wei et al.，2017）。

商业模式的价值共创性为参与价值创造活动的所有参与主体共同创造价值和分享价值提供了基础（张晓玲等，2017）。企业在发展过程中，不可避免地会受到资源、环境、能力等多方面的约束，而企业间的相互协作可以帮助企业减少或摆脱资源能力及环境方面的束缚。另外，根据交易成本理论，价值网络间或商业生态系统内部的重复性交易可以产生信任和承诺不但可以有效地节约交易成本，实现资源的高效配置，还可以一定程度上实现规模经济和外部范围经济，大大提高企业能够获得的利益。企业可以考虑与供应商、客户等其他利益相关者一起进行价值共创，这将提高业务运营效率，进而提升绩效（Nenonen & Storbacka，2010）。商业模式价值共创性使得企业能够聚集供应商和客户的优势资源，形成价值网络，进而影响企业经营业绩（Prahalad & Ramaswamy，2004）。商业模式的目标就是为各方创造总价值，价值总额越大，焦点企业的议价能力就越大，其所能获得的价值也就越大（Zott & Amit，2010）。企业的商业模式如果构建了企业间价值共创网络，在确定以联盟作为载体的情况下，价值链中未共享的关键资源和机会将通过协作机制集中起来，以扩大价值创造机会和竞争力，从而改善企业绩效（丁宁和丁怡，2010）。

商业模式的可扩张性是企业成长的重要基础，企业通过试错、学习构建可行的商业模式，通过对商业模式重复应用，并在重复应用中进行持续的微调和适应，以保证连续的价值创造和价值获取，以支撑企业获得高收益率（张晓玲等，2015；Sosna et al.，2010）。另外，商业模式的可扩张性不仅可以将消费者锁定在已有的主要市场上，还可以在更大范围内通过创造新的客户体验和新的交易方式来提高客户购买意愿，开发出新的价值创造方式，以增加现有市场的潜在资源的价值并实现更高的生产率以达到更高的绩效水平。

商业模式的可持续性是指随着时间的推移和企业所处内外部环境的变化，企业通过调配资源来实现企业内外部利益相关者的资源的优化配置，从而实现持续地为利益相关者创造经济价值。正如斯塔布斯和科克林（Stubbs & Cocklin，2008）所言，利润是实现可持续结果的"手段"，企业必须盈利才能存在，但企业的存在不仅仅是为了盈利，企业的商业模式应具有可持续发展的潜力，因为这是"正确的做法"，也是"明智的做法"。企业可以通过提出新的交易内容、构建新的交易结构和调整组织结构与管理模式，通过增强其在合作网络中的议价能力，提高转换成本，不但能够为所有的利益相关者创造价值，还能在一定程度上构建竞争壁垒、为企业本身获取价值并持续盈利能力（Sosna et al.，2010）。霍格沃尔德（Høgevold，2011）通过案例分析得出结论：优秀的商业模式不仅是可行的，而且是可持续盈利的。哈钦森等（Hutchinson et al.，2012）发现可持续商业模式能够赋予企业持续的竞争优势，从而带来可观的经济收益。

基于以上分析，形成了关于商业模式属性与企业绩效之间关系的如下假设：

H1：商业模式属性对企业绩效有显著的正向影响。

H1a：新颖性对财务绩效有显著的正向影响。

H1b：效率对财务绩效有显著的正向影响。

H1c：价值共创性对财务绩效有显著的正向影响。

H1d：可扩张性对财务绩效有显著的正向影响。

H1e：可持续性对财务绩效有显著的正向影响。

H1f：新颖性对市场绩效有显著的正向影响。

H1g：效率对市场绩效有显著的正向影响。

H1h：价值共创性对市场绩效有显著的正向影响。

H1i：可扩张性对市场绩效有显著的正向影响。

H1j：可持续性对市场绩效有显著的正向影响。

4.2.2　商业模式属性对动态能力的影响假设

为了更好地使设计好的商业模式能成功执行，企业需详细分析其所处内外部环境。通过融合企业的内、外部资源，对企业和资源开展重新构建，使商业模式的价值创造属性得以充分的发挥，与此同时可以促进企业动态能力的构建。这个过程是克服主客观商业模式刚性的过程（夏清华和娄汇阳，2014），也是企业学习的过程，进而可以促进企业动态能力的构建。商业模式设计、实施和创新过程中各种经验积累及知识学习会促进企业动态能力的培育和提升（Zollo，2002；孙连才，2013）。因此，动态能力的构建和提升还依赖于商业模式设计、实施或创新过程中各种经验积累及知识学习。

具体而言，具有新颖性的商业模式可以不断地感知市场环境和顾客需求的变化，企业会对其所处环境进行分析，识别其中的机会和威胁，企业在为顾客提供新颖的产品或服务时，必须充分考虑快速变化的外部环境及客户需求才能实现价值创造。为了更有效地发挥商业模式新颖性属性，企业必须投入更多精力对外界环境的变化进行分析甚至是预测，及时感知市场环境变化。因此，商业模式的新颖性提高了企业对外部环境变化的感知能力，使企业可以迅速适应快速变化的市场环境。另外，商业模式在实施过程中会涉及各种资源，企业仅仅依靠自身的资源是不够的，需要从其所处的关系网络中获取所需资源或自身所不具备的各种能力，对价值网络中伙伴企业的资源及能力进行重新调整，以保证商业模式可以顺利实施（Magretta，2002；郭海和沈睿，2014）。因此，商业模式价值共创性和可扩张性属性的构建又要求企业能够利用价值网络中其他企业和合作伙伴的资源和能力，整合和重构企业现有的交易结构，提升企业的整合能力和重构能力。而商业模式的效率和可持续性属性则需要企业不断地通过学习积累经验，实现学习曲线效应，为企业带来长期的竞争优势。综上所述，企业在商业模式设计、实施和创新过程中，商业模式的各个关键属性的构建必然对企业动态能力的提高有促进和提升作用。另外，由于企业的动态能力是一个复合的统一构念，其组成维度是相互关联的，可以由一个总的动态能力因子概括表示（张凤海，2013）。并且，蒂斯（Teece，2018）在对动态能力最新的研究中指出，"强大的动态能力"通常意味着（相对于竞争对手而言）在所有相关领域的感知、捕获和转换能力都很强。因此，本书从环境感知能力、学习能力、整合能力、重构能力 4 个维度对动态能力进行刻画，并从整体角度考虑动态能力对商业模式与企业绩效关系的中介作用。

综上所述，形成了关于商业模式属性与动态能力之间关系的如下假设：

H2：商业模式属性对动态能力有显著的正向影响。

H2a：新颖性对动态能力有显著的正向影响。

H2b：效率对动态能力有显著的正向影响。

H2c：价值共创性对动态能力有显著的正向影响。

H2d：可扩张性对动态能力有显著的正向影响。

H2e：可持续性对动态能力有显著的正向影响。

4.2.3　动态能力对企业绩效的影响假设

动态能力对企业绩效有促进作用已得到了许多研究者的验证。企业要想使自身绩效不断提高，必须不断地完善和提高自身的学习能力，实现对自身资源的有效配置和整合，持续完善供应链体系，以达到企业与环境的持续一致性，实现高水平的企业绩效。动态能力能够使企业在不断变化的市场中保持核心能力和竞争优势，为企业获得良好的绩效提供了助力和保障（Zott，2003）。动态能力能够帮助企业在商业环境中实现新的机会，并将组织资源转化为有形和无形的资产和能力（Easterby-

Smith et al.，2009）。因此，动态能力反映了组织有目的地创建、扩展和修改现有资源和能力，这些能力有助于改变和更新现有流程，并促进创新，以更好地适应环境，进而提升企业绩效（Eisenhardt & Martin，2000；Helfat et al.，2007；Winter，2003；Zahra et al.，2006；Zollo & Winter，2002）。

已有文献的研究结果显示动态能力能够积极正向地影响企业绩效。艾森哈特和马丁（Eisenhardt & Martin，2000）指出，企业比其他竞争企业更快、更敏捷地做出顺应环境变化的资源重构的能力，即动态能力是获取持续竞争优势、实现良好企业绩效的制胜法宝之一。马科宁等（Makkonen et al.，2014）通过案例分析，发现动态能力对企业绩效有显著的正向影响，尤其是在那些因环境动荡而商业机会减少的行业。张学睦等（2020）通过对相关文献梳理发现，动态能力能够使企业在竞争日益激烈、市场技术存在巨大动荡性的环境下仍能比其他企业具有优势，产生更高的企业绩效。此外，还有许多学者通过实证研究了动态能力能直接对企业的财务绩效、市场绩效产生正向影响（Rindova & Kotha，2001；Li & Liu，2014）。

综上所述，本书提出动态能力与企业绩效关系的假设如下：

H3：动态能力对企业绩效有显著的正向影响。

H3a：动态能力对财务绩效有显著的正向影响。

H3b：动态能力对市场绩效有显著的正向影响。

4.2.4　动态能力对商业模式属性与企业绩效关系的中介作用假设

商业模式是企业如何为顾客创造价值、传递价值和从中获取价值的商业逻辑，企业的成功在很大程度上取决于商业模式的设计、实施或创新，而商业模式的设计和运作又影响着企业的能力。在企业内外部环境不断变化的情境下，动态能力可以帮助企业动态调整内外部资源和能力，实现资源与商业模式设计的匹配（魏泽龙，2019）。动态能力可以解释企业的自身能力如何决定商业模式的设计和运作，商业模式的构建、细化、实践和改进就是高阶能力（动态能力）作用的具体体现（蒋洁等，2019）。动态能力可以帮助企业的常规能力得到提高，并将其自身常规能力与合作伙伴的能力共同地导向高收益发展方向。为了应对商业环境和市场地位的多变性，企业需要调动相应的能力发展和协调公司以及合作伙伴的资源，以应对遇到的新挑战从而更好地适应不断更新的外部环境。另外，企业的动态能力的强弱在许多方面对企业的盈利能力、绩效水平会产生重要影响。商业模式的效用是通过动态能力实现的，即动态能力强的组织将能够快速实现、测试和完善已有的商业模式。商业模式的成功还依赖于组织结构设计、资产编排和学习能力，这些动态能力的核心，所以动态能力可以提升商业模式的实施效果，从多个环节保障了企业的绩效始终保持在较高的水平上。

在构建商业模式新颖性或可扩张性属性时，企业会对内外部环境进行深入分析，而这将促进企业动态能力的提升。因为一个企业如果能够比竞争对手更快速地感知到市场变化，并且采取行动，就能够获得先发优势，抢占先机（杨雪等，2019）。由于快速变化的市场环境使企业的每一个竞争优势都难以保持较长的时间，当企业具备了动态能力就会不断创造新的竞争优势，从而形成持久竞争优势，带来更高的企业绩效。当企业构建商业模式价值共创性属性时，会对本企业和价值网络中伙伴企业的资源进行充分的挖掘，企业拥有的社会资本越多，那么可获得的资源也越多，与此同时，企业外部环境会因此发生变化，但是如果企业感知到了环境的变化，却无法应对环境变化的资源时，企业就会丧失原本的竞争优势，进而影响企业绩效。此外，随着企业经营时间的增长，企业会对资源进行重构，以适应市场环境的变化并保持可持续的盈利能力。企业的动态能力使企业适应动态变化的环境，从而有助于企业创造持续竞争优势，最终有助于提升企业绩效。

因此，商业模式不但可以促进企业的高阶能力（动态能力）的构建和提升，进一步地，商业模式还可以借助于动态能力作用于企业绩效，对企业绩效产生积极的影响。综上所述，本书认为商业模式的各个关键属性可以通过动态能力对企业绩效产生促进作用，因此提出动态能力在商业模式和企业绩效关系中起中介作用，假设如下：

H4：动态能力在商业模式属性与企业绩效关系中起中介作用。

H4a：动态能力在新颖性与财务绩效关系中起中介作用。

H4b：动态能力在效率与财务绩效关系中起中介作用。

H4c：动态能力在价值共创性与财务绩效关系中起中介作用。

H4d：动态能力在可扩张性与财务绩效关系中起中介作用。

H4e：动态能力在可持续性与财务绩效关系中起中介作用。

H4f：动态能力在新颖性与市场绩效关系中起中介作用。

H4g：动态能力在效率与市场绩效关系中起中介作用。

H4h：动态能力在价值共创性与市场绩效关系中起中介作用。

H4i：动态能力在可扩张性与市场绩效关系中起中介作用。

H4j：动态能力在可持续性与市场绩效关系中起中介作用。

4.2.5　环境动态性对动态能力与企业绩效关系的调节作用假设

随着信息化和全球化特征，企业将面对着越来越复杂、难以预测并具有动荡的环境。企业只有准确把握环境不确定因素对组织运作的影响程度，才能成功保持竞争优势。动态能力的定义中就隐含着商业环境本质上是动态的（Helfat et al.，2007）。米勒和弗里森（Miller & Friesen，1983）认为环境动态性的主要特征是竞争、客户偏好、商业实践以及生产和服务技术变化的不确定性、不稳定性和波动性。环境动态性会影响到企业与其他企业的竞争方式以及他们如何回应客户的需求（Drnevich & Kriauciunas，2011）。因此，在市场需求快速变化、技术高速发展和竞争较为激烈的高度动态环境中，具有较好动态能力的企业将获益更多

（Azadegan et al.，2013）。另外，即使在相对稳定的环境中，动态能力仍然可以发挥作用（Eisenhardt & Martin，2000）。

尽管有大量学者已经证明动态能力与企业绩效有正向的影响关系，动态能力也能够作为一个媒介使商业模式对企业绩效有积极的影响，但是动态能力到底在什么样的条件下才是最有效的还需要进一步的探讨。例如，林萍（2009）对262份样本企业研究发现，环境动荡性在动态能力和绩效之间起到正向的调节作用。陈亚光等（2017）研究发现，一般而言，环境动态性的程度越高，对企业的市场绩效和财务绩效的影响就会越大。虽然企业拥有的资源和能力是充足和优质的，但是外部环境变化的不确定性也会影响对企业绩效的转化。所以，在环境动态性程度较高时，企业的动态能力越强，能够给企业绩效带来的提升就越大。原因是当环境特别动荡时，竞争异常激烈、技术更新速度快、顾客需求变化快，企业需要较强的动态能力及时调整企业的资源不断地获取竞争优势（李大元，2009）；而当环境动态性程度较低时，企业不需要具有较高的动态能力也能够获取较好的绩效，其中的原因是竞争环境不太激烈，技术更新速度较为缓慢、顾客需求变化不明显，强势的动态能力可能是无用的，甚至由于动态能力的维持成本而增加企业的负担，阻碍绩效的提升（Drnevich & Kriauciunas，2011）。总而言之，环境动态性增加了动态能力与企业绩效关系的强度，即在更加动荡的环境中，动态能力与企业绩效的相关性更强。所以，本书提出如下假设：

H5：环境动态性对动态能力和企业绩效之间的关系起积极的调节作用。

H5a：环境动态性对动态能力和财务绩效之间起正向调节作用。

H5b：环境动态性对动态能力和市场绩效之间起正向调节作用。

综上所述，本书的假设汇总如表4-1所示。

表 4 - 1 研究假设汇总

编号	假设内容
H1：商业模式属性对企业绩效有显著的正向影响	
H1a	新颖性对财务绩效有显著的正向影响
H1b	效率对财务绩效有显著的正向影响
H1c	价值共创性对财务绩效有显著的正向影响
H1d	可扩张性对财务绩效有显著的正向影响
H1e	可持续性对财务绩效有显著的正向影响
H1f	新颖性对市场绩效有显著的正向影响
H1g	效率对市场绩效有显著的正向影响
H1h	价值共创性对市场绩效有显著的正向影响
H1i	可扩张性对市场绩效有显著的正向影响
H1j	可持续性对市场绩效有显著的正向影响
H2：商业模式属性对动态能力有显著的正向影响	
H2a	新颖性对动态能力有显著的正向影响
H2b	效率对动态能力有显著的正向影响
H2c	价值共创性对动态能力有显著的正向影响
H2d	可扩张性对动态能力有显著的正向影响
H2e	可持续性对动态能力有显著的正向影响
H3：动态能力对企业绩效有显著的正向影响	
H3a	动态能力对财务绩效有显著的正向影响
H3b	动态能力对市场绩效有显著的正向影响
H4：动态能力在商业模式属性与企业绩效关系中起中介作用	
H4a	动态能力在新颖性与财务绩效关系中起中介作用
H4b	动态能力在效率与财务绩效关系中起中介作用
H4c	动态能力在价值共创性与财务绩效关系中起中介作用
H4d	动态能力在可扩张性与财务绩效关系中起中介作用
H4e	动态能力在可持续性与财务绩效关系中起中介作用
H4f	动态能力在新颖性与市场绩效关系中起中介作用
H4g	动态能力在效率与市场绩效关系中起中介作用

编号	假设内容
H4：动态能力在商业模式属性与企业绩效关系中起中介作用	
H4h	动态能力在价值共创性与市场绩效关系中起中介作用
H4i	动态能力在可扩张性与市场绩效关系中起中介作用
H4j	动态能力在可持续性与市场绩效关系中起中介作用
H5：环境动态性对动态能力和企业绩效之间的关系起积极的调节作用	
H5a	环境动态性对动态能力和财务绩效之间起正向调节作用
H5b	环境动态性对动态能力和市场绩效之间起正向调节作用

资料来源：本书整理。

4.3　本章小结

　　本章基于价值链理论、价值网理论、商业生态系统理论和商业模式的冰山理论，参考国内外相关文献，构建了商业模式、企业绩效、动态能力和环境动态性之间关系的理论模型。在理论模型中，商业模式为自变量，包含新颖性、效率、价值共创性、可扩张性、可持续性共5个属性维度；企业绩效是因变量，包括财务绩效和市场绩效两个维度；动态能力为中介变量，在商业模式与企业绩效之间起中介作用；环境动态性是调节变量，在动态能力和企业绩效间起调节作用。然后，根据推导的变量之间的逻辑关系，提出五组研究假设，在后文中将通过实证分析对假设进行检验。

第 5 章

研究设计与研究方法

基于第 4 章中所提出的研究假设，本章首先将进行问卷设计、变量测量的内容和方法的介绍。其次阐述数据分析方法，最后通过预测试确定最终的调查问卷。

5.1 问卷设计

为了确保研究结果的有效性和准确性，问卷设计过程必须科学、严谨，遵循问题简答明了、结构严谨合理、概念明确、方便回答等基本原则（李怀祖，2017）。本书借鉴丘吉尔（Churchill，1979）、吴明隆（2010）和李怀祖（2017）等对问卷设计的观点，主要从以下三个方面设计问卷：

首先，通过梳理国内外相关文献，确定主要研究内容和界定相关的概念。根据研究问题，对商业模式、企业绩效、动态能力和环境动态性等变量的文献进行了深入的研究和梳理，选取符合本书研究背景的企业绩效、动态能力和环境动态性的成熟量表，以保证测量变量的内容效度。

其次，对于本书需要测量的商业模式变量，由于现有文献中还没有完全符合本书研究目的的成熟量表，因此首先通过调查问卷，对商业模式变量的测量维度进行识别，然后结合管理者的深度访谈和重点文献的梳理，在综合已有属性测量量表的基础上，按照新的测量情境进行了再开发。具体做法是采用专家小组讨论和小组面谈法来考察已有的量表的测量内容在研究目的背景下的适用程度，并根据需要对不适用的内容进行修改，例如修改题项的表述、删除或增加新的题项等。然后，通过专家评审、企业高管预测试和小样本的调研对量表的信度和效度进行检验。

最后，对所有变量组成的初始调查问卷，开展小样本的预测试。通过预测试，进行题项净化、判断题项设置是否合理、语言表述是否简明清晰，以此完善调查问卷成为正式调研的问卷。

调查问卷针对所研究的问题设计了五部分：第一部分是样本企业和被调查者的基本信息；第二部分是商业模式的测量；第三部分是动态能力的测量；第四部分是关于环境动态性的测量；第五部分是关于企业绩效的测量。其中，第一部分主要采用选择题的方式提问；第二部分至第五部分采用了 Likert 7 点量表进行测量，1～7 代表了被调查者对题项描述的认同程度从"完全不同意"到"完全同意"逐渐递增。

因为所有信息都是从单一被试获取，为避免数据存在同源方差而采取了以下措施。首先，在问卷设计上采取保证匿名、明确答案无对错之分、尽可能使用明确用语及反向用语、题型序号交叉排列等措施（MacKenzie et al.，2011）。其次，通过对发放对象的选择（选取企业的中层及以上的管理人员作为被调查者），尽可能避免受测者因为不了解企业整体情况所产生的数据偏差。最后，考虑到商业模式和动态能力实施效果具有时间滞后性，因此企业绩效的测量采用近三年的综合评价。

5.2 变量测量

在本书的概念模型中有解释变量商业模式、被解释变量企业绩效、中介变量动态能力和调节变量环境动态性，共四个变量需要进行测量。另外，本书还考虑了企业年限、所属行业、企业性质和企业规模等控制变量。

5.2.1 商业模式的测量

由于优秀商业模式的属性是给企业带来可持续竞争优势和长期稳定的优秀绩效价值创造源泉，只有具备特定属性的商业模式才会给企业带来绩效提升。在第 3 章中，通过对管理者的开放式问卷调查，识别出五个主要的成功商业模式关键属性，分别是新颖性、效率、价值共创性、可扩张性和可持续性。但是目前已有的文献中，从商业模式属性方面对其进行测量的量表仅是包括本书识别出的部分属性。例如，佐特和阿米特（Zott & Amit，2007）、江积海（2016）从新颖性和效率两个方面进行测量；张晓玲（2015）、李永发（2015）、博克恩（Bocken，2020）从价值共创性、可扩张性和可持续性等方面进行测量。为了对从实践者的视角识别出的商业模式关键属性进行全面的测量，本书在综合已有属性测量量表的基础上，参考丘吉尔（Churchill，1979）建议的量表开发程序（如图 5 - 1 所示），对商业模式量表按照新的测量情境进行了再开发。

（1）变量识别

本书从实践者视角对商业模式的属性进行识别，对被调查的 124 位企业中高层管理者的回答进行分析并提炼出商业模式的五个关键属性：①新颖性，是指采用新的价值创造方式、新的交易方式或新的价值传递的方式；②效率，是指由于提升交易效率降低了平均交易成本，给商业模式各类利益相关者带来的新增价值空间；③价值共创性，是指企业与其他交易参与者形成了可以共享资源能力的紧密的交易关系，使企业可以不受自身资源能力的束缚，创造出更大的价值；④可扩张性，是指建立在顾客重复消费或业务重复使用的基础上，或通过拓展新用户或新业务模型为基础进行业务扩张；⑤可持续性，是指商业模式各构成要素、资源能力的配置和调整能够给企业带来长期稳定经济绩效的程度。

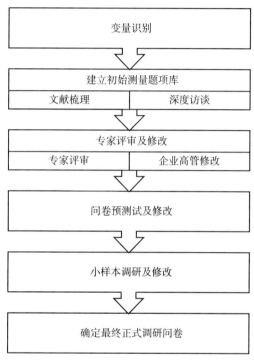

图 5 – 1　本书的商业模式量表再开发过程

资料来源：本书整理。

（2）建立初始测量题项库

首先，根据前文总结的商业模式变量各维度的内涵及关键特征，在文献回顾、与中高层管理者访谈的基础上确定测量内容。基于学者对商业模式及商业模式属性的研究和管理者访谈结果，对不同属性的内涵和研究范畴进行了界定。然后，与两位实践界专家进行了几次半结构化访谈，了解他们对"商业模式"和"商业模式属性"的看法。在专家的帮助下澄清了"商业模式"一词的含义，在实践中如何看待它，管理者从实践的视角认为的优秀商业模式具有哪些特质。在此基础上，确定商业模式各维度的测量题项。

综合上述方式，共生成初始测量题项 26 个（如表 5 - 1 所示），具体包括：①借鉴国内外已有文献中使用过的较为成熟量表，重点参考佐特和阿米特（Zott & Amit，2007）、张晓玲等（2015）、李永发（2015）、江积海（2016）、博克恩（Bocken，2020）等的研究成果，根据本书的目标进行适当的修改，得到题项 13 个；②结合专家访谈内容，提炼测量内容并编制，得到题项 5 个；③根据已梳理的测量维度的关键特征，自行设计题项 8 个。

表 5 - 1　　　　　　　　　商业模式初始测量题项

测量维度	测量题项	来源
新颖性	1. 企业不断在商业模式中引入创新	佐特和阿米特（Zott & Amit，2007）；江积海（2016）；笔者设计
	2. 企业的商业模式引入较多全新的、多样化的合作伙伴	
	3. 企业的商业模式采用了新的交易方式	
	4. 企业的商业模式创造了新的盈利方式	
	5. 本企业商业交易和与其他伙伴创造价值的方式比较新颖	
	6. 企业的商业模式引入新的运作流程、惯例和规范	
效率	7. 企业的商业模式降低了产品或服务的价格	佐特和阿米特（Zott & Amit，2007）；江积海（2016）；笔者设计
	8. 企业的商业模式简化了交易流程	
	9. 企业的商业模式降低了营销、交易费用及沟通成本	
	10. 企业的商业模式加快了交易的速度	
	11. 企业的商业模式降低了交易过程中的信息不对称	
	12. 企业的商业模式大大提高了交易效率	
价值共创性	13. 企业的商业模式可以为不同的交易参与者提供相应的回报（如需求满足、利润收入、提高知名度等）	张晓玲等（2015）；李永发（2015）；笔者设计
	14. 企业的商业模式能够使企业与合作伙伴形成良好的合作关系，互惠互利	
	15. 企业商业模式中合作伙伴能合理分享资源禀赋予利益	

测量维度	测量题项	来源
价值共创性	16. 随着业务规模扩大，本企业商业模式会吸引更多的参与者（用户、供应商、其他利益相关者）	张晓玲等（2015）；李永发（2015）；笔者设计
	17. 企业商业模式能够动态调整（如交易方式、合作伙伴等）以满足利益相关者的需求	
可扩张性	18. 企业的商业模式很容易应用到其他业务	张晓玲等（2015）；李永发（2015）；笔者设计
	19. 企业的商业模式很容易扩展到其他省市或国家	
	20. 企业的商业模式能够支撑现有业务的规模不断扩大	
	21. 企业的商业模式在企业内部很容易复制，能帮助企业实现多维增值	
	22. 企业的关键业务、核心资源、主要能力等能够帮助企业获得持续的优良绩效	
可持续性	23. 企业与利益相关者间具有长期稳定的合作关系	张晓玲等（2015）；博克恩（Bocken，2020）；笔者设计
	24. 企业商业模式中的客户关系、合作关系及关键流程形成了良性循环，企业能够持续盈利	
	25. 企业的商业模式能够使企业获得稳定的长期收益	
	26. 企业与利益相关者达成了明确的利益共享方式	

资料来源：本书整理。

（3）专家评审及修改

对于形成的初始商业模式量表，从高校、科研院所和企业邀请到五位在商业模式研究领域比较有成就的专家对题项进行评审（评审专家信息见表5-2），该评审过程的目的是使量表的内容效度最大化。

表5-2　　　　　　　　　评审专家信息

序号	年龄	性别	学历	研究方向/职务
专家1	42	女	博士	战略管理、商业模式创新
专家2	39	女	博士	商业模式选择、综合评价

续表

序号	年龄	性别	学历	研究方向/职务
专家3	43	女	博士	创新与创业管理
专家4	40	男	硕士	国企集团中层管理者
专家5	60	男	本科	民营企业总经理

资料来源：本书整理。

首先，向专家们说明了本次进行评审的对象定义，请专家们确认或否认本书对待测商业模式的定义。其次，等到肯定答复后，请专家们对每一个题项与测量目标之间的关联性做出评定。最后，评审专家就初始量表中题项表述的简洁性和明了性做出了评价。

根据专家们的评审意见，做了如下修改：①将题项中表述比较宽泛的词语修改成具有明确意思的阐述，例如新颖性属性中的题项"企业不断在商业模式中引入创新"改为"企业的商业模式以新的方式提供了产品、服务和信息的组合"；②将测量内容和测量目的关联不是十分紧密的题项删除。例如，删掉可持续性属性中的题项"企业与利益相关者达成了明确的利益共享方式"和效率属性中的题项"企业的商业模式降低了交易过程中的信息不对称"；③将专业性较强的表述或术语（如利益相关者、资源禀赋）修改为被试者容易理解的词语，或者给出举例；④删掉测量内容重复的题项和表述不明确的题项，例如"企业的商业模式能够支撑现有业务的规模不断扩大"与可扩张性属性的其他题项测量内容重复，且"现有业务规模扩大"的具体含义不明确。删除题项"本企业商业交易和与其他伙伴创造价值的方式比较新颖""企业的关键业务、核心资源、主要能力等能够帮助企业获得持续的优良绩效"和"企业的商业模式可以为不同的交易参与者提供相应的回报（如需求满足、利润收入、提高知名度等）"。经过专家们的筛选和修改，得到题项20个。

（4）问卷预测试及修改

为了使问卷的效度尽可能少地受到措辞和语法的影响，本书向潜在调查者发送在线调查问卷之前，邀请了 12 位经验丰富的企业管理者和实践者对问卷进行了审查。这些参与者对问卷做了预测，笔者也对他们进行跟踪访谈，询问问卷中是否有模棱两可的表达方式，检查措辞及其对题项的理解，并获得关于潜在问题的一般反馈。然后，根据预测试的反馈结果对问卷进行表达和修辞方面的调整，并在此基础上编制了初始调研问卷（见附录 2）。

（5）小样本预调研及修改

通过对初始问卷的预测试来精练题项，即对初始问卷题项进行净化，以获得可用于正式调研的量表。在形成上述初始问卷后，因为所有信息都是从单一被试获取，所有数据必然存在同源方差。因此，本书在问卷设计上采取保证匿名、明确答案无对错之分、尽可能使用明确用语及反向用语等措施。此外，为了确保问题的顺序不会影响回答，在问卷中随机化了研究中使用的维度和题项之间的对应顺序。

通过对数据进行总体相关系数（CITC）分析和探索性因子分析，对初始问卷中的测量题项进行净化。题项净化标准是：①删除条目与总体相关系数（CITC）小于 0.4，如果 CITC 值大于 0.4 但是在删除后 Cronbach's 系数可以得到显著的提高，那么也应该删除题项（吴明隆，2010）；②删除探索性因子分析中旋转后因子载荷小于 0.4 或者存在严重交叉载荷的题项；③题项"企业的商业模式降低了产品或服务的价格""企业的商业模式大大提高了交易效率""企业的商业模式采用了新的交易方式"被删掉（详见本章 5.4 预测试）。

（6）确定最终正式调研问卷

通过小样本预测试，删除了 3 个不符合要求的题项，得到包括 5 个维度共 17 个题项（见表 5-3）的商业模式测量量表用于正式的大规模调查和数据分析。又附加了动态能力、环境动态性和企业绩效测量的 30 个题项（见附录 3），形成最终的调查问卷（正式量表的检验详见第

6章)。

表5-3 商业模式正式测量题项

测量维度	测量题项	参考依据
新颖性	A1：企业的商业模式以新的方式提供了产品、服务和信息的组合	佐特和阿米特（Zott & Amit, 2007）；江积海（2016）；张晓玲等（2015）；笔者设计
新颖性	A2：企业的商业模式引入较多全新的、多样化的合作伙伴	佐特和阿米特（Zott & Amit, 2007）；江积海（2016）；张晓玲等（2015）；笔者设计
新颖性	A3：企业的商业模式创造了新的盈利方式	佐特和阿米特（Zott & Amit, 2007）；江积海（2016）；张晓玲等（2015）；笔者设计
新颖性	A4：企业的商业模式引入新的运作流程、惯例和规范	佐特和阿米特（Zott & Amit, 2007）；江积海（2016）；张晓玲等（2015）；笔者设计
效率	A5：企业的商业模式简化了交易流程	佐特和阿米特（Zott & Amit, 2007）；江积海（2016）；张晓玲等（2015）；笔者设计
效率	A6：企业的商业模式降低了营销、交易费用及沟通成本	佐特和阿米特（Zott & Amit, 2007）；江积海（2016）；张晓玲等（2015）；笔者设计
效率	A7：企业的商业模式加快了交易的速度	佐特和阿米特（Zott & Amit, 2007）；江积海（2016）；张晓玲等（2015）；笔者设计
价值共创性	A8：企业的商业模式能够使企业与合作伙伴形成良好的合作关系，互惠互利	佐特和阿米特（Zott & Amit, 2007）；江积海（2016）；张晓玲等（2015）；笔者设计
价值共创性	A9：企业商业模式中合作伙伴能合理分享资源与利益	佐特和阿米特（Zott & Amit, 2007）；江积海（2016）；张晓玲等（2015）；笔者设计
价值共创性	A10：随着业务规模扩大，本企业商业模式会吸引更多的参与者（用户、供应商、其他利益相关者）	佐特和阿米特（Zott & Amit, 2007）；江积海（2016）；张晓玲等（2015）；笔者设计
价值共创性	A11：企业商业模式能够动态调整（如交易方式、合作伙伴等）以满足利益相关者的需求	佐特和阿米特（Zott & Amit, 2007）；江积海（2016）；张晓玲等（2015）；笔者设计
可扩张性	A12：企业的商业模式很容易应用到其他业务	佐特和阿米特（Zott & Amit, 2007）；江积海（2016）；张晓玲等（2015）；笔者设计
可扩张性	A13：企业的商业模式很容易扩展到其他省市或国家	佐特和阿米特（Zott & Amit, 2007）；江积海（2016）；张晓玲等（2015）；笔者设计
可扩张性	A14：企业的商业模式在企业内部很容易复制，能帮助企业实现多维增值	佐特和阿米特（Zott & Amit, 2007）；江积海（2016）；张晓玲等（2015）；笔者设计
可持续性	A15：企业与利益相关者间具有长期稳定的合作关系	佐特和阿米特（Zott & Amit, 2007）；江积海（2016）；张晓玲等（2015）；笔者设计
可持续性	A16：企业商业模式中的客户关系、合作关系及关键流程形成了良性循环，企业能够持续盈利	佐特和阿米特（Zott & Amit, 2007）；江积海（2016）；张晓玲等（2015）；笔者设计
可持续性	A17：企业的商业模式能使企业获得稳定的长期收益	佐特和阿米特（Zott & Amit, 2007）；江积海（2016）；张晓玲等（2015）；笔者设计

资料来源：本书整理。

5.2.2　动态能力的测量

在动态能力测量方面，比较有代表性的有胡望斌等（2009）从变革更新能力、组织柔性能力、环境洞察能力和组织学习能力4个维度对动态能力进行测量；董保宝等（2011）的研究中从环境适应能力、组织变革能力、资源整合能力、学习能力和战略隔绝5个维度进行测量和研究。帕夫洛和萨维（Pavlou & Sawy，2011）在回顾动态能力文献的基础上，提出了从感知环境、学习、协调和整合四种能力对动态能力进行测量。刘刚和刘静（2013）在考察动态能力对企业绩效的影响关系时，从感知能力、学习能力、协调整合能力和创新变革能力四个维度进行测量。

本书结合动态能力在商业模式与企业绩效关系中发挥的主要作用，并参考了胡望斌等（2009），董保宝等（2011），帕夫洛和萨维（Pavlou & Sawy，2011），刘刚、刘静（2013）等的测量内容，从环境感知能力、学习能力、整合能力和重构能力是对动态能力进行测量（见表5-4）。

表5-4　　　　　　　　　　　动态能力变量测量量表

测量维度	测量题项	参考依据
环境感知能力	B1：企业经常审视企业外部环境的变化，以发现新的商机	胡望斌等（2009）；董保宝等（2011）；帕夫洛和萨维（Pavlou & Sawy，2011）；刘刚和刘静（2013）
	B2：企业定期审查企业内部环境变化对顾客可能产生的影响	
	B3：企业经常审查产品开发工作，以确保它们符合顾客的需求	
	B4：企业投入了大量的时间来实施新产品的研发和改进现有产品	
学习能力	B5：企业能够有效地识别、评估和应用新的信息和知识	
	B6：企业用多种方式吸收新的信息和知识	
	B7：企业能够有效地将现有信息转化为新知识或技术	
	B8：企业能有效地将知识或技术运用到新产品中	

续表

测量维度	测量题项	参考依据
学习能力	B9：企业对可能影响产品开发的新知识或技术非常重视，对新知识或技术的研发也非常有效	胡望斌 等 （2009）；董保宝等 （2011）；帕夫洛和萨维 （Pav-lou & Sawy, 2011）；刘刚和刘静 （2013）
整合能力	B10：企业能不断完善其自身资源和能力	
	B11：企业能通过整合资源来提升工作效率	
	B12：企业对资源的开发和拓展很满意	
	B13：企业能够利用资源完成跨部门之间的任务	
重构能力	B14：企业能够对现有的产品或服务进行再设计	
	B15：企业能够对现有的工作流程和制度进行再设计	
	B16：企业能够调整内外关系网络和网络沟通方式	

资料来源：本书整理。

5.2.3　环境动态性的测量

环境动态性是模型中的调节变量。对环境动态性的测量主要包括对市场环境、技术环境和竞争程度的考察。例如，孙连才（2013）基于德拉伯（Desarbo，2005）对环境动态性测量量表进行了适当的调整使之更符合中国情景，从市场需求环境、技术环境和竞争环境三个方面进行测量。陈亚光等（2017）、任义忠（2020）的研究中对环境动态性的测量借鉴的是贾沃斯基和科利（Jaworski & Kohli，1993）开发的量表，从市场动荡性、技术动荡性和竞争强度3个构面进行测量。

本书对环境动态性测量维度划分的研究文献加以汇总，借鉴了贾沃斯基和科利（Jaworski & Kohli，1993）、陈亚光等（2017）、王玲玲等（2019）、任义忠（2020）等文献中关于环境动态性的量表，从市场环境、技术变革以及竞争强度三个方面，共6个题项进行测量（如表5-5所示）。

表 5 - 5　　　　　　　　　　环境动态性变量的测量量表

变量	测量题项	参考依据
环境动态性	顾客的需求变化速度较快并日趋多样化和个性化	贾沃斯基和科利（Jaworski & Kohli，1993）；陈亚光等（2017）；王玲玲等（2019）；任义忠（2020）
	顾客对产品或服务的偏好变化速度较快	
	顾客总是趋向于寻求新的产品或服务	
	用新技术制造的产品或服务对顾客更具有吸引力	
	市场上企业现有产品或服务的价格竞争程度较大	
	市场上企业现有产品或服务的销售竞争强度较大	

资料来源：本书整理。

5.2.4　企业绩效的测量

企业绩效是模型中的因变量。由于本书的调查企业中部分是非上市公司，无法通过公开渠道获得经营信息和财务数据，并且企业绩效属于比较敏感的信息，而主观测量绩效可以提供与客观绩效同等有效的数据（王辉等，2011）。因此，本书通过测量企业的主观绩效获得相关数据，并从财务绩效和市场绩效两个维度对企业进行测量。同时，由于商业模式的实施具有时间的滞后性，有的商业模式给企业带来的是盈利潜力，而不是当期的利润，所以本书对企业绩效的测量是综合企业近三年的情况，以及采取与行业内主要的竞争对手相比较，消除企业规模因素的影响。

在测量指标选择时，参考了王等（Wang et al.，2003）、刘雪峰（2007）、王江哲等（2019）的研究，从销售增长率、净利润、投资回报率和总收入4个度量指标测量财务绩效，从市场占有率、市场拓展、顾客满意度、新产品和服务数量4个度量指标测量市场绩效（如表 5 - 6 所示）。

表 5 - 6　　　　　　　　　　　企业绩效变量测量量表

测量维度	测量题项	参考依据
财务绩效	与主要的竞争对手比较，本企业近三年的销售增长率较高	王等（Wang et al.，2003）；刘雪峰（2007）；王江哲等（2019）
	与主要的竞争对手比较，本企业近三年的利润增长较快	
	与主要的竞争对手比较，本企业近三年的投资回报率较高	
	与主要的竞争对手比较，本企业近三年的总收入较高	
市场绩效	与主要的竞争对手比较，本企业近三年的市场占有率较高	
	与主要的竞争对手比较，本企业近三年对市场的拓展效果较好	
	与主要的竞争对手比较，本企业近三年顾客的满意度较高	
	与主要的竞争对手比较，本企业近三年提供的新产品和新服务较多	

资料来源：本书整理。

5.2.5　控制变量

为了分析各变量之间的影响关系，本书将对企业绩效影响较大的企业特征相关变量进行控制。具体包括：①企业规模。企业规模对企业绩效的影响程度比较大，原因是企业拥有或控制的资源会随着企业规模的扩大而增多从而产生规模效应，并且随着企业的规模扩大，企业和竞争对手或其他利益相关者相比就拥有较大的议价能力。所以，在假设前提条件相同的情况下，企业规模越大，价值创造能力越强，企业绩效可能越好（Zott & Amit，2007）。②企业年限。企业经过长时间的经营通常会积累一定的资源和能力以及经验（陈琦，2010），因此能够更为顺利地应用已有的商业模式，或者进行商业模式创新，从而获得更好的企业绩效。在本书中，企业年限为企业自成立至 2020 年经历的年数。③产权性质。企业的产权性质会干扰商业模式对企业绩效的影响关系。例如，部分国有企业属于垄断性行业，与民营企业或其他产权类型的企业相比，国有垄断性企业的绩效水平不受市场环境、竞争程度等外界因素的影响或者影响程度比较小。因此很难判断其商业模式是否会影响企业绩效水平（李鸿磊，2018）。④所属行业。企业所属行业的盈利水平会有差异。不同的产业类型的获利能力不同，对企业绩效影响的程度也不同。

5.3 数据分析方法

5.3.1 描述性统计分析

描述性的统计分析是对被调查总体的所有变量的有关数据进行统计性描述。本书中的调查总体包括被调查企业、问卷填写者和变量的测量题项，对样本企业统计描述指标主要包括成立年限、行业领域、企业性质、员工人数等；对问卷填写人员的统计描述指标包括性别、学历、工作年限、管理级别等；对变量的测量题项统计性描述主要有频数、最大值、最小值、平均值、标准差、峰度和偏度。

5.3.2 信度与效度分析

信度是指测量结果免受误差影响的程度。信度分析主要是检验量表在度量相关变量时结果的一致性、稳定性和可靠性目前大部分学者采用校正项目 – 总体相关系数（corrected item-total correlation，CITC）和内部一致性系数（Cronbach's α）这两个指标来检验量表的内部一致性信度。首先，在检验 CITC 系数时，保留在变量测度题项中的 CITC 值如果大于 0.4，说明该题项与其他题项具有较高相关性；另外，如该题项 CITC 值大于 0.4 但是在删除后 Cronbach's 系数可以得到显著的提高，那么也应该删除题项（吴明隆，2010）。其次，是针对 Likert 式量表开发的 Cronbach's α 系数（Cronbach，1951）能反映调查问卷中同一变量在不同题项间的相关程度，Cronbach's α 系数越高，则量表的内部一致性就越好，量表越可靠。根据努纳利（Nunnally，1978）提供的标准，当 Cronbach's α 系数高于 0.8，则说明信度高；如果此值介于 0.7 ~ 0.8 之间，则说明信度较好；如果此值介于 0.6 ~ 0.7，则说明信度可接受。

效度分析是判断量表中的测量题项反映所测构念的真实程度，主要包括内容效度和结构效度。首先，本书采用以下措施来提高内容效度：①商业模式测量量表是基于文献研究法和统计调查研究法（问卷调查、访谈）的结果编制而成的，并邀请有丰富实践经验的企业管理者和专业领域的专家学者进行修改和审阅，因此具有较好的内容效度；②动态能力、环境动态性和企业绩效的测量量表均借鉴国内高水平期刊中发表并被广泛采用的量表，内容效度得到了保障和验证；③在进行正式的大规模调研之前，进行了预调研，并根据预调研结果修正了调查问卷，进一步提升了量表的内容效度。

其次，采用 KMO（Kaiser – Meyer – Olkin Measure of Sampling Adequacy）值、Bartlett 球形度检验和因子分析进行内容效度的检验。其中，KMO 值和 Bartlett 球形度检验是判断是否适合做因子分析。KMO 值通常介于 0 ~ 1，当 KMO 值越接近 1，说明越适合做因子分析；并且 Bartlett 球形度检验显著，说明适合做因子分析。学者们普遍采用的检验标准是，KMO 值 >0.7 且 Bartlett 球形度检验 p 值 <0.05 时才适合做因子分析。因子分析时，采用主成分分析法，提取特征根 >1 的公因子，因子旋转方法采用极大方差法，当因子载荷大于 0.5，累计方差解释率大于 60%，说明量表具有较好的结构效度。

5.3.3　相关分析

相关分析主要探究的是两两变量之间是否具有相关性，相关程度如何以及具体相关方向。根据分析结果，可以分为完全相关、不完全相关和不相关三种相关程度；另外，可以分为以及正相关和负相关两种相关方向，其系数介于 1 和 -1。在相关分析中，通常采用 Pearson 系数分析，其值接近 +1 或 -1 时，表明相关性越强。本书应用 Pearson 系数来衡量商业模式、企业绩效、环境动态性等变量的相关性。

5.3.4 回归分析

回归分析是用回归方程来描述和反映变量之间的依赖关系和一个变量受其他变量影响的程度。本书采用回归分析的方法检验变量之间的因果关系、方向和强度，主要使用 SPSS 23.0 及 PROCESS 3.4 插件和 AMOS 23 软件。具体而言，采用层级回归的方法对变量之间的因果关系进行检验。层级回归分析能根据理论或实际需要确定不同变量进入回归方程的顺序，回归模型不仅能够展示出不同自变量对因变量的影响力和解释力，而且能够展示模型中各自变量和因变量的整体关系。

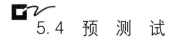

5.4 预 测 试

5.4.1 预测试样本收集与选择

为了检验问卷设计的科学性和合理性，在正式的大规模调研之前，对问卷进行了预测试。预测试的调查对象包括东北地区的 MBA、EMBA 在校生和毕业生中在企业担任中高层管理者，全国各地亲朋好友及他们的朋友圈中在企业担任中高层管理者进行发放。在发放调查问卷时特别强调：由被调查企业中一位对商业模式和企业经营情况熟悉的中层以上管理者填写，一个企业仅需填写 1 份问卷。预测试问卷于 2020 年 10 月发放，历时一个月，共发放问卷 300 份，收回 230 份。然后，按照无效问卷剔除原则对收回的问卷进行筛选，剔除原则包括以下三个方面：①被调查者在目前企业任职少于一年的，认为其未能全面理解企业商业模式运行情况和企业的实际经营情况，予以剔除；②问卷回答出现大面积同一赋值的，予以剔除；③调查对象来自政府企业或垄断性行业企业的，认为不符合市场环境下商业模式的特征，予以剔除。筛选后剔除无效问卷 87 份，得到有效问卷 143 份，问卷的有效回收率为 62.17%。

5.4.2 预测试描述性统计分析

首先，样本企业和填写人员的基本情况的描述性统计分析见表 5-7 和表 5-8。其中，企业的基本情况包括成立年限、员工人数、企业性质、行业领域；填写人员的基本信息包括学历、职位级别、工作年限等。

表 5-7 预测试的企业描述性统计

项目	描述指标	样本数（个）	占比（%）
成立年限	3 年以下	3	2.10
	3~5 年	17	11.89
	6~10 年	41	28.67
	11~15 年	30	20.98
	16 年以上	52	36.36
行业领域	制造业	52	36.36
	建筑业	8	5.59
	信息传输、计算机和软件业	29	20.28
	批发和零售业	11	7.69
	餐饮业	2	1.40
	金融业	14	9.79
	教育	12	8.39
	其他	15	10.49

项目	描述指标	样本数（个）	占比（%）
企业性质	国有及国有控股	43	30.07
	民营企业	84	58.74
	中外合资企业	9	6.29
	外商独资企业	7	4.90
员工人数	100 人及以下	40	27.97
	101～300 人	35	24.48
	301～1000 人	38	26.57
	1000 人以上	30	20.98

资料来源：本书整理。

表 5 - 8 　　　　　　　　　　预测试的填写人描述性统计

	描述指标	样本数（个）	占比（%）
学历	专科及以下	11	7.69
	本科	91	63.64
	硕士	40	27.97
	博士	1	0.70
性别	男	80	55.94
	女	63	44.06
职位级别	中层管理者	39	27.27
	高层管理者	104	72.73
工作年限	1～3 年	24	16.78
	4～6 年	53	37.07
	7～9 年	28	19.58
	10 年以上	38	26.57

资料来源：本书整理。

如表 5 - 7 所示，被调查企业成立年限大部分都在 3 年以上，说明企业的商业模式运行已经基本成熟稳定。企业员工人数所代表的企业规模比例均匀，行业领域涉及制造业、信息传输、计算机和软件业、批发和零售业等多个行业，说明样本具有一定的代表性。

如表5-8所示，问卷填写者的学历主要是本科和硕士，说明被试者能够很好地理解问卷的调研内容。另外，被试者在被调查企业的工作年限都在3年以上、职务为中高层管理者，证明能够充分地了解企业的商业模式和企业经营的实际情况，有助于提高预测试内容的可靠性和准确性。

其次，对所有测量题项进行描述性统计分析，具体包括最大值、最小值、均值、标准差、峰度和偏度（如表5-9所示）。

表5-9　　　　　　　预测试的变量题项的描述性统计（N=143）

变量	题项	最小值	最大值	平均值	标准差	峰度	偏度
商业模式	A1	2	7	5.517	1.04	0.38	-0.523
	A2	3	7	5.601	1.062	-0.046	-0.609
	A3	1	7	4.755	1.395	-0.442	-0.215
	A4	2	7	5.42	1.11	0.098	-0.578
	A5	2	7	5.385	1.074	0.539	-0.646
	A6	1	7	5.231	1.277	0.106	-0.525
	A7	2	7	5.476	1.294	-0.383	-0.628
	A8	2	7	5.322	1.259	-0.452	-0.544
	A9	2	7	5.545	1.22	-0.294	-0.649
	A10	3	7	5.58	1.135	-0.255	-0.701
	A11	2	7	5.51	1.125	0.08	-0.598
	A12	2	7	5.42	1.116	0.96	-0.952
	A13	3	7	5.531	1.137	-0.505	-0.487
	A14	2	7	5.469	1.054	0.724	-0.667
	A15	2	7	4.937	1.206	-0.511	-0.318

变量	题项	最小值	最大值	平均值	标准差	峰度	偏度
商业模式	A16	3	7	5.077	1.256	−1.024	−0.082
	A17	2	7	5.175	1.07	0.046	−0.286
	A18	2	7	5.636	1.018	1.295	−0.885
	A19	2	7	5.671	1.033	0.628	−0.703
	A20	2	7	5.538	1.026	0.697	−0.482
动态能力	B1	2	7	5.636	1.018	1.295	−0.885
	B2	2	7	5.671	1.033	0.628	−0.703
	B3	2	7	5.538	1.026	0.697	−0.482
	B4	1	7	5.056	1.293	1.04	−0.858
	B5	1	7	5.147	1.169	1.805	−1.069
	B6	2	7	5.392	1.151	0.706	−0.869
	B7	1	7	5.469	1.277	1.89	−1.287
	B8	1	7	4.916	1.351	0.108	−0.42
	B9	1	7	4.972	1.233	0.454	−0.678
	B10	1	7	4.923	1.251	0.516	−0.641
	B11	1	7	5.035	1.286	0.423	−0.791
	B12	2	7	5.014	1.233	0.054	−0.689
	B13	1	7	4.944	1.299	0.307	−0.834
	B14	1	7	5.021	1.292	0.614	−0.696
	B15	2	7	5.203	1.219	0.822	−0.917
	B16	1	7	5.105	1.271	0.839	−1.055
环境动态性	C1	1	7	4.28	1.183	−0.089	−0.302
	C2	1	7	4.469	1.321	0.02	−0.713
	C3	1	7	4.175	1.285	0.02	−0.474
	C4	3	7	6.014	0.831	1.092	−0.774
	C5	3	7	5.804	0.882	−0.254	−0.354
	C6	3	7	5.895	0.853	0.043	−0.486

变量	题项	最小值	最大值	平均值	标准差	峰度	偏度
企业绩效	D1	3	7	5.972	0.83	0.048	-0.471
	D2	3	7	5.944	0.82	0.439	-0.594
	D3	3	7	5.895	0.766	0.652	-0.485
	D4	2	7	5.049	1.258	-0.326	-0.502
	D5	1	7	4.979	1.319	-0.054	-0.559
	D6	1	7	5.049	1.28	-0.147	-0.563
	D7	2	7	5.252	1.281	0.022	-0.667
	D8	1	7	5.315	1.147	1.137	-0.728

表 5-9 中的统计结果显示各个题项的均值介于 4.175~5.636 之间，标准差从 0.82~1.395 不等，商业模式变量能够服从正态分布，可以进行信度和效度分析。

5.4.3　预测试的信度与效度分析

（1）预测试的信度分析

①预测试商业模式信度分析。由表 5-10 可知，"A3 企业的商业模式采用了新的交易方式""A6 企业的商业模式降低了产品或服务的价格"和"A10 企业的商业模式大大提高了交易效率"，这三个题项与对应维度的其他题项的 CITC 值小于 0.4，并且删除这三个题项后对应的 Cronbach's α 值会提高。因此，决定删除题项 A3、A6 和 A11。删除后，商业模式量表整体的 Cronbach's α 系数是 0.782，大于 0.7，说明商业模式测量量表信度较好，具有较好的内部一致性，可以保留剩余题项。

②预测试动态能力信度分析。由表 5-11 可知，环境感知能力、学习能力、整合能力和重构能力的所有题项 CITC 值都大于 0.4，且项已删除的 α 系数均小于所在维度的 Cronbach's α 系数。另外，动态能力量

表整体的 Cronbach's α 系数是 0.868，大于 0.8，说明动态能力测量量表具有较好的内部一致性，可以保留所有题项。

表 5-10　　　　　　　　　　预测试商业模式信度分析

维度	题项	校正项总计相关性（CITC）	项已删除的 α 系数	维度的 Cronbach's α 系数	量表的 Cronbach's α 系数
新颖性	A1：企业的商业模式以新的方式提供了产品、服务和信息的组合	0.653	0.628	0.731（0.841）	
	A2：企业的商业模式引入较多全新的、多样化的合作伙伴	0.547	0.666		
	A3：企业的商业模式采用了新的交易方式	0.139	0.841		
	A4：企业的商业模式创造了新的盈利方式	0.596	0.645		
	A5：企业的商业模式引入新的运作流程惯例和规范	0.685	0.613		
效率	A6：企业的商业模式降低了产品或服务的价格	0.108	0.713	0.636（0.828）	
	A7：企业的商业模式简化了交易流程	0.52	0.512		
	A8：企业的商业模式降低了营销、交易费用及沟通成本	0.51	0.519		
	A9：企业的商业模式加快了交易的速度	0.563	0.493		
	A10：企业的商业模式大大提高了交易效率	0.295	0.624		
价值共创性	A11：企业的商业模式能够使企业与合作伙伴形成良好的合作关系，互惠互利	0.692	0.696	0.793	0.782
	A12：企业商业模式中合作伙伴能合理分享资源与利益	0.582	0.753		
	A13：随着业务规模扩大，本企业商业模式会吸引更多的参与者（用户、供应商、其他利益相关者）	0.586	0.751		
	A14：企业商业模式能够动态调整（如交易方式、合作伙伴等）以满足利益相关者的需求	0.557	0.764		

维度	题项	校正项总计相关性（CITC）	项已删除的 α 系数	维度的 Cronbach's α 系数	量表的 Cronbach's α 系数
可扩张性	A15：企业的商业模式很容易应用到其他业务	0.594	0.664	0.756	
	A16：企业的商业模式很容易扩展到其他省市或国家	0.592	0.668		
	A17：企业的商业模式在企业内部很容易复制，能帮助企业实现多维增值	0.578	0.687		
可持续性	A18：企业商业模式中的客户关系、合作关系及关键流程形成了良性循环，企业能够持续盈利	0.623	0.734	0.794	
	A19：企业与利益相关者之间达成了明确的利益共享方式	0.676	0.678		
	A20：企业的商业模式能够使企业获得稳定的长期收益	0.612	0.746		

注：括号内的数值为删除 CITC 值小于 0.4 的题项后维度的 Cronbach's α 系数。

表 5-11　　　　　　　　　预测试动态能力信度分析

维度	题项	校正项总计相关性（CITC）	项已删除的 α 系数	Cronbach's α 系数	量表的 Cronbach's α 系数
环境感知能力	B1：企业经常审视企业外部环境的变化，以发现新的商机	0.78	0.879	0.904	0.868
	B2：企业定期审查企业内部环境变化对顾客可能产生的影响	0.758	0.886		
	B3：企业经常审查产品开发工作，以确保它们符合顾客的需求	0.800	0.872		
	B4：企业投入了大量的时间来实施新产品的研发和改进现有产品	0.807	0.868		

维度	题项	校正项总计相关性（CITC）	项已删除的α系数	Cronbach's α系数	量表的Cronbach's α系数
学习能力	B5：企业能够有效地识别、评估和应用新的信息和知识	0.702	0.856	0.879	
	B6：企业用多种方式吸收新的信息和知识	0.735	0.848		
	B7：企业能够有效地将现有信息转化为新知识或技术	0.636	0.871		
	B8：企业能有效地将知识或技术运用到新产品中	0.730	0.849		
	B9：企业对可能影响产品开发的新知识或技术非常重视，对新知识或技术的研发也非常有效	0.759	0.842		
整合能力	B10：企业能不断完善其自身资源和能力	0.762	0.893	0.909	
	B11：企业能通过整合资源来提升工作效率	0.838	0.865		
	B12：企业对资源的开发和拓展很满意	0.810	0.876		
	B13：企业能够利用资源完成了跨部门之间的任务	0.764	0.892		
重构能力	B14：企业能够对现有的产品或服务进行再设计	0.663	0.828	0.844	
	B15：企业能够对现有的工作流程和制度进行再设计	0.741	0.754		
	B16：企业能够调整内外关系网络和网络沟通方式	0.733	0.762		

③环境动态性。由表 5 - 12 可知，环境动态性变量的所有题项 CITC 值都大于 0.4，且项已删除的 α 系数均小于总体 Cronbach's α 系数。并且，环境动态性量表整体的 Cronbach's α 系数是 0.891，大于 0.8，说明环境动态性测量量表具有较好的内部一致性，可以保留所有

题项。

表 5 – 12   预测试环境动态性信度分析

变量	题项	校正项总计相关性（CITC）	项已删除的 α 系数	Cronbach's α 系数
环境动态性	C1：顾客的需求变化速度较快并日趋多样化和个性化	0.748	0.866	0.891
	C2：顾客对产品或服务的偏好变化速度较快	0.682	0.877	
	C3：顾客总是趋向于寻求新的产品或服务	0.701	0.874	
	C4：用新技术制造的产品或服务对顾客更具有吸引力	0.728	0.87	
	C5：市场上企业现有产品或服务的价格竞争程度较大	0.708	0.873	
	C6：市场上企业现有产品或服务的销售竞争强度较大	0.701	0.874	

④企业绩效。由表 5 – 13 可知，财务绩效和市场绩效的所有题项 CITC 值都大于 0.4，且项已删除的 α 系数均小于所在维度的 Cronbach's α 系数。另外，企业绩效量表整体的 Cronbach's α 系数是 0.877，大于 0.8，说明企业绩效测量量表具有较好的内部一致性，可以保留所有题项。

表 5 – 13   预测试企业绩效信度分析

维度	题项	校正项总计相关性（CITC）	项已删除的 α 系数	维度的 Cronbach's α 系数	量表的 Cronbach's α 系数
财务绩效	D1	0.609	0.752	0.800	0.877
	D2	0.684	0.714		
	D3	0.609	0.752		
	D4	0.551	0.779		
市场绩效	D5	0.75	0.825	0.871	
	D6	0.73	0.833		
	D7	0.722	0.837		
	D8	0.698	0.846		

（2）预测试的效度分析

①商业模式效度分析。首先，对商业模式进行 KMO 和 Bartlett 球形度检验。如表 5 - 14 所示，商业模式的 KMO 值为 0.787，近似卡方值为 920.858，显著性水平 p 值为 0.000（p < 0.05），说明商业模式量表适合做因子分析。然后，采取主成分分析对有大于 1 特征根的公因子进行提取，并采用最大化方差正交旋转法。提取 5 个公因子的累计方差解释率为 69.045%。每个题项在单一维度的因子负荷均大于 0.5，并且没有出现跨因子负荷现象，说明商业模式量表具有较好的结构效度，因此保留所有题项用于后续研究。

表 5 - 14 预测试商业模式效度分析

题项	因子载荷系数					共同度（公因子方差）
	因子 1	因子 2	因子 3	因子 4	因子 5	
A1：企业的商业模式以新的方式提供了产品、服务和信息的组合	0.788	0.209	0.154	0.097	0.124	0.713
A2：企业的商业模式引入较多全新的、多样化的合作伙伴	0.776	0.161	0.081	0.026	0.162	0.661
A3：企业的商业模式创造了新的盈利方式	0.759	0.156	- 0.08	0.077	0.083	0.619
A4：企业的商业模式引入新的运作流程、惯例和规范	0.851	0.149	0.033	0.17	- 0.019	0.777
A5：企业的商业模式简化了交易流程	0.053	0.128	0.853	0.126	0.007	0.762
A6：企业的商业模式降低了营销、交易费用及沟通成本	0.039	0.038	0.827	0.073	- 0.02	0.694
A7：企业的商业模式加快了交易的速度	0.044	0.037	0.876	0.075	0.031	0.776
A8：企业的商业模式能够使企业与合作伙伴形成良好的合作关系，互惠互利	0.203	0.804	0.058	0.105	0.098	0.711
A9：企业商业模式中合作伙伴能合理分享资源与利益	0.115	0.754	0.089	0.187	- 0.041	0.627

续表

题项	因子载荷系数					共同度（公因子方差）
	因子 1	因子 2	因子 3	因子 4	因子 5	
A10：随着业务规模扩大，本企业商业模式会吸引更多的参与者（用户、供应商、其他利益相关者）	0.193	0.714	0.064	0.104	0.108	0.574
A11：企业商业模式能够动态调整（如交易方式、合作伙伴等）以满足利益相关者的需求	0.131	0.755	0.022	−0.033	0.1	0.598
A12：企业的商业模式很容易应用到其他业务	0.105	0.195	−0.008	0.066	0.795	0.685
A13：企业的商业模式很容易扩展到其他省市或国家	0.013	0.018	−0.049	0.061	0.841	0.715
A14：企业的商业模式在企业内部很容易复制，能帮助企业实现多维增值	0.204	0.031	0.087	0.224	0.758	0.675
A15：企业与利益相关者间具有长期稳定的合作关系	0.058	0.175	0.184	0.803	0.014	0.713
A16：企业商业模式中的客户关系、合作关系及关键流程形成了良性循环，企业能够持续盈利	0.091	0.101	0.054	0.836	0.154	0.744
A17：企业商业模式能够使企业获得稳定的长期收益	0.167	0.045	0.058	0.795	0.169	0.694
方差解释率（％）（旋转后）	16.057	14.773	13.423	12.728	12.063	—
累积方差解释率（％）（旋转后）	16.057	30.830	44.253	56.982	69.045	—
KMO 值	0.787					—
巴特利特球形值	920.858					—
df	136					—
p 值	0.000					—

②动态能力效度分析。首先，对动态能力进行 KMO 和 Bartlett 球形

度检验，查看是否适合做因子分析。如表 5 – 15 所示，KMO 值为 0.857，近似卡方值为 1413.963，显著性水平 p 值为 0.000（p < 0.05），说明动态能力量表适合做因子分析。然后，采取主成分分析对有大于 1 特征根的公因子进行提取，并采用最大化方差正交旋转法。提取 4 个公因子的累计方差解释率为 75.567%。每个题项在单一维度的因子负荷均大于 0.5，并且没有出现跨因子负荷现象，可以保留所有题项用于后续研究。

表 5 – 15 　　　　　　　　预测试动态能力效度分析

名称	因子载荷系数				共同度（公因子方差）
	因子 1	因子 2	因子 3	因子 4	
B1：企业经常审视企业外部环境的变化，以发现新的商机	0.179	0.084	0.85	0.12	0.776
B2：企业定期审查企业内部环境变化对顾客可能产生的影响	0.177	0.213	0.821	– 0.013	0.75
B3：企业经常审查产品开发工作，以确保它们符合顾客的需求	0.09	0.216	0.862	0.04	0.799
B4：企业投入了大量的时间来实施新产品的研发和改进现有产品	0.187	0.091	0.875	0.077	0.815
B5：企业能够有效地识别、评估和应用新的信息和知识	0.748	0.195	0.26	0.041	0.667
B6：企业用多种方式吸收新的信息和知识	0.792	0.207	0.098	0.233	0.733
B7：企业能够有效地将现有信息转化为新知识或技术	0.774	0.086	0.107	– 0.055	0.621
B8：企业能有效地将知识或技术运用到新产品中	0.76	0.269	0.169	0.112	0.691
B9：企业对可能影响产品开发的新知识或技术非常重视，对新知识或技术的研发也非常有效	0.854	0.118	0.104	0.007	0.755

名称	因子载荷系数				共同度（公因子方差）
	因子1	因子2	因子3	因子4	
B10：企业能不断完善其自身资源和能力	0.124	0.829	0.201	-0.118	0.756
B11：企业能通过整合资源来提升工作效率	0.282	0.848	0.2	0.009	0.839
B12：企业对资源的开发和拓展很满意	0.215	0.88	0.076	0.053	0.829
B13：企业能够利用资源完成跨部门之间的任务	0.167	0.83	0.15	-0.147	0.761
B14：企业能够对现有的产品或服务进行再设计	-0.011	0.012	0.096	0.84	0.715
B15：企业能够对现有的工作流程和制度进行再设计	0.144	-0.039	0.051	0.879	0.797
B16：企业能够调整内外关系网络和网络沟通方式	0.072	-0.142	0.031	0.871	0.785
方差解释率（%）（旋转后）	21.208	19.836	19.713	14.810	—
累积方差解释率（%）（旋转后）	21.208	41.044	60.757	75.567	—
KMO 值	0.857				—
巴特利特球形值	1413.963				—
df	120				—
p 值	0.000				—

③环境动态性效度分析。首先，对环境动态性进行 KMO 和 Bartlett 球形度检验。如表 5 - 16 所示，KMO 值为 0.894，近似卡方值为 428.931，显著性水平 p 值为 0.000（$p < 0.05$），说明环境动态性量表适合做因子分析。然后，采取主成分分析对有大于 1 特征根的公因子进行提取，并采用最大化方差正交旋转法。提取 1 个公因子的累计方差解释率为 64.966%。每个题项在单一维度的因子负荷均大于 0.5，可以保留所有题项用于后续研究。

表 5-16   预测试环境动态性效度分析

名称	因子载荷系数	共同度（公因子方差）
C1：顾客的需求变化速度较快并日趋多样化和个性化	0.836	0.699
C2：顾客对产品或服务的偏好变化速度较快	0.782	0.611
C3：顾客总是趋向于寻求新的产品或服务	0.799	0.638
C4：用新技术制造的产品或服务对顾客更具有吸引力	0.818	0.669
C5：市场上企业现有产品或服务的价格竞争程度较大	0.802	0.643
C6：市场上企业现有产品或服务的销售竞争强度较大	0.798	0.636
方差解释率（%）（旋转后）	64.966	—
累积方差解释率（%）（旋转后）	64.966	—
KMO 值	0.894	—
巴特利特球形值	428.931	—
df	15	—
p 值	0.000	—

④企业绩效效度分析。首先，对企业绩效进行 KMO 和 Bartlett 球形度检验。如表 5-17 所示，KMO 值为 0.875，近似卡方值为 523.44，显著性水平 p 值为 0.000（p < 0.05），说明商业模式量表适合做因子分析。然后，采取主成分分析对有大于 1 特征根的公因子进行提取，并采用最大化方差正交旋转法。提取 2 个公因子的累计方差解释率为 67.536%，每个题项在单一维度的因子负荷均大于 0.5，并且没有出现跨因子负荷现象，可以保留所有题项用于后续研究。

表 5-17   预测试企业绩效效度分析

名称	因子载荷系数		共同度（公因子方差）
	因子 1	因子 2	
D1：与主要的竞争对手比较，本企业近三年的销售增长率较高	0.229	0.774	0.651

续表

名称	因子载荷系数		共同度
	因子 1	因子 2	（公因子方差）
D2：与主要的竞争对手比较，本企业近三年的利润增长较快	0.263	0.795	0.702
D3：与主要的竞争对手比较，本企业近三年的投资回报率较高	0.227	0.761	0.63
D4：与主要的竞争对手比较，本企业近三年的总收入较高	0.303	0.656	0.523
D5：与主要的竞争对手比较，本企业近三年的市场占有率较高	0.808	0.296	0.74
D6：与主要的竞争对手比较，本企业近三年对市场的拓展效果较好	0.773	0.346	0.717
D7：与主要的竞争对手比较，本企业近三年顾客的满意度较高	0.842	0.192	0.747
D8：与主要的竞争对手比较，本企业近三年提供的新产品和新服务较多	0.783	0.283	0.694
方差解释率（%）（旋转后）	35.479	32.056	—
累积方差解释率（%）（旋转后）	35.479	67.536	—
KMO 值	0.875		—
巴特利特球形值	523.44		—
df	28		—
p 值	0.000		—

5.5　本章小结

　　首先，本章阐明了问卷设计的主要原则和过程。然后，本章对研究中需要测量的变量进行了量表的再开发和选择。其中，商业模式测量量表是在第 3 章对实践者开放式调查的基础上识别出商业模式的关键属性，结合现有文献和专家访谈按照新的情境对商业模式的测量量表进行再开发；企业绩效、动态能力和环境动态性变量的测量是通过文献梳理，借鉴高质量期刊中被广泛使用的成熟量表。最后，对研究内容进行了小样本的测试，确定了最终调查问卷，为后续实证研究奠定了基础。

第6章

实 证 分 析

本章主要通过对大样本数据的描述性统计分析、信度分析、效度分析和层级回归分析，检验前文提出的研究假设，并结合理论和实践情况对假设检验结果进行分析和讨论。

6.1 大样本基本情况与数据概况

6.1.1 大样本基本情况

根据阿莱格里（Alegre，2008）的研究，对多个行业的调查研究能够提升结论的广泛性和稳定性。因此，本书的正式调查问卷调查委托社会关系和调研公司，面向全国各地、多个行业进行发放。另外，问卷的受访者均为企业中高层管理人员，能够对企业的经营状况有比较全面和深入的了解，一定程度上确保了问卷填写的有效性和准确性。

本书的正式调查问卷于 2020 年 12 月发放，历时近 2 个月，共发放问卷 713 份，收回问卷 525 份，回收率为 73.6%。针对回收的问卷，按照以下无效问卷剔除原则进行筛选：①被调查者在目前企业任职少于一年的，会存在对企业的商业运行和企业经营情况不能充分了解，应予以剔除；②问卷回答出现大面积同一赋值的予以剔除；③调查对象来自政府企业或垄断性行业的企业，认为不符合市场环境下商业模式特征的予以剔除。累计删除无效问卷 80 份，剩余有效问卷 445 份，问卷的有效回收率为 62.4%。大样本的基本情况如表 6-1 和表 6-2 所示。

表 6-1　　　　　　　大样本企业基本情况（N = 445）

描述指标		样本数（个）	占比（%）
成立年限	3 年以下	5	1.1
	3~5 年	48	10.8
	6~10 年	126	28.3
	11~15 年	117	26.3
	16 年以上	149	33.5
行业领域	制造业	199	44.7
	建筑业	27	6.1
	信息传输、计算机和软件业	93	20.9
	批发和零售业	35	7.9
行业领域	餐饮业	20	4.5
	金融业	20	4.5
	教育	19	4.3
	其他	32	7.2
企业性质	国有及国有控股	106	23.8
	民营企业	275	61.8
	中外合资企业	42	9.4
	外商独资企业	22	4.9
员工人数	100 人及以下	108	24.3
	101~300 人	133	29.9
	301~1000 人	114	25.6
	1000 人以上	90	20.2

资料来源：本书整理。

表6-2 大样本填写人基本情况（N=445）

描述指标		样本数（个）	占比
学历	专科及以下	47	10.6
	本科	309	69.4
	硕士	81	18.2
	博士	8	1.8
性别	男	241	54.2
	女	204	45.8
职位级别	中层管理者	76	17.1
	高层管理者	368	82.7
	其他	1	0.2
工作年限	1~3年	65	14.6
	4~6年	165	37.1
	7~9年	110	24.7
	10年以上	105	23.6

资料来源：本书整理。

6.1.2 大样本描述性统计

各变量测量题项的描述性统计分析如表6-3所示。克莱恩（Kline，1998）指出，当偏度绝对值<3，峰度绝对值<10时，基本上服从正态分布。在表6-3中，各题项的偏度绝对值都<3，峰度绝对值都<10，服从正态分布，可以进行信度和效度分析。

表6-3 变量题项的描述性统计

变量	题项编号	最小值	最大值	平均值	标准差	峰度	偏度
商业模式	A1	2.00	7.00	5.517	0.974	0.267	-0.481
	A2	2.00	7.00	5.499	1.06	0.165	-0.6
	A3	2.00	7.00	5.38	1.028	-0.002	-0.412

续表

变量	题项编号	最小值	最大值	平均值	标准差	峰度	偏度
商业模式	A4	2.00	7.00	5.472	1.025	0.382	-0.667
	A5	1.00	7.00	5.449	1.243	0.158	-0.725
	A6	1.00	7.00	5.328	1.186	0.255	-0.673
	A7	1.00	7.00	5.483	1.228	0.25	-0.72
	A8	2.00	7.00	5.524	1.124	-0.231	-0.532
	A9	2.00	7.00	5.452	1.149	-0.027	-0.588
	A10	2.00	7.00	5.51	1.13	-0.295	-0.505
	A11	1.00	7.00	5.49	1.058	0.554	-0.621
	A12	2.00	7.00	4.98	1.209	-0.536	-0.245
	A13	1.00	7.00	5.119	1.235	-0.369	-0.293
	A14	2.00	7.00	5.225	1.133	-0.26	-0.394
	A15	1.00	7.00	5.458	1.173	1.085	-0.876
	A16	1.00	7.00	5.438	1.16	0.844	-0.797
	A17	1.00	7.00	5.454	1.157	0.963	-0.764
动态能力	B1	1.00	7.00	5.647	1.113	1.833	-1.064
	B2	1.00	7.00	5.474	1.183	0.917	-0.837
	B3	2.00	7.00	5.775	1.039	0.828	-0.882
	B4	1.00	7.00	5.434	1.342	0.335	-0.822
	B5	1.00	7.00	5.364	1.224	0.653	-0.775
	B6	1.00	7.00	5.476	1.15	0.517	-0.683
	B7	1.00	7.00	5.335	1.211	0.415	-0.756
	B8	1.00	7.00	5.425	1.274	0.643	-0.848
	B9	1.00	7.00	5.373	1.277	0.745	-0.875
	B10	1.00	7.00	5.524	1.218	1.338	-0.986
	B11	1.00	7.00	5.627	1.127	1.391	-0.982
	B12	1.00	7.00	4.975	1.387	-0.2	-0.565
	B13	1.00	7.00	5.351	1.259	0.699	-0.848
	B14	1.00	7.00	5.407	1.222	0.486	-0.778

续表

变量	题项编号	最小值	最大值	平均值	标准差	峰度	偏度
动态能力	B15	1.00	7.00	5.494	1.116	1.132	−0.898
	B16	1.00	7.00	5.537	1.023	0.867	−0.627
环境动态性	C1	1.00	7.00	5.892	1.049	1.092	−0.946
	C2	1.00	7.00	5.512	1.136	0.836	−0.776
	C3	1.00	7.00	5.544	1.214	0.985	−0.914
	C4	1.00	7.00	5.665	1.188	0.835	−0.906
	C5	1.00	7.00	5.656	1.184	0.765	−0.945
	C6	1.00	7.00	5.683	1.031	1.908	−1.043
企业绩效	D1	1.00	7.00	5.103	1.259	0.076	−0.604
	D2	1.00	7.00	4.919	1.34	−0.166	−0.495
	D3	1.00	7.00	4.962	1.319	−0.119	−0.568
	D4	1.00	7.00	5.092	1.372	−0.244	−0.551
	D5	1.00	7.00	5.124	1.279	0.236	−0.616
	D6	1.00	7.00	5.202	1.294	0.165	−0.744
	D7	1.00	7.00	5.452	1.23	1.181	−0.985
	D8	1.00	7.00	5.238	1.314	0.972	−0.961

6.1.3 共同方法偏差检验

共同方法偏差（common method biases）是一种源于测量方式方法的系统误差。当预测变量与效标变量的测量来自同样的数据来源或评分者时，可能会出现这种系统误差，影响两者之间的相关性，从而影响研究结论。在心理学、行为科学研究中特别是采用问卷法进行研究时，如果所有题项均由同一被测者填写，那么共同方法偏差会广泛存在。

在研究设计与测量过程中，本书通过匿名调查、打乱量表条目逻辑顺序、明确题目无对错之分、问卷发放区域广等多种措施来减少共同方法偏差所带来的影响。除此之外，本书采取 Harman's 单因子检验法，检验问卷中是否存在严重的共同方法偏差的问题。具体方法是把所有变量放到一个探索性因子分析中，查看未旋转的因子分析结果，如果只得到一个因子或某个因子解释力特别大，即说明存在严重的共同方法偏差（Livingstone，1997）。在本书中，将问卷中的所有题项放到一个探索性因子分析中，得到 KMO 值 0.915，卡方值 8336.136，自由度为 1081，显著性水平 p 为 0.000，在未旋转时得到 9 个因子，并且第一个因子所占的贡献率为 25.723% < 40%，没有占到多数，在可接受范围内，所以本书中没有严重的共同方法偏差。

6.2 大样本信度与效度分析

根据实证研究所采用的数据分析方法，在进行假设验证之前，需要对各量表的信度和效度进行检验。本书所采用的动态能力、环境动态性和企业绩效测量量表是根据相关文献中已有的成熟量表，已经具有了很高的内容效度，因此对这三个量表进行信度和效度分析即可。而商业模式测量量表是本书综合已有测量量表按照识别出的商业模式属性进行的再开发的量表，所以需要对商业模式量表进行探索因子分析和验证性因子分析，然后是信度与效度分析，以确保实证结果可靠有效。

6.2.1 商业模式量表的检验

（1）探索性因子分析

首先，检验商业模式量表做因子分析的适用性，对样本进行的 KMO 和 Bartlett 检验。如表 6 - 4 所示，KMO 值为 0.845，大于标准水平 0.7；Bartlett 球形度检验的近似卡方值为 2918.216，显著性 p 值为 0.000（<0.001），说明样本数据适合做因子分析。5 个特征根值大于 1 的共同因子可以被提取出来。

表 6 – 4   商业模式量表的 KMO 和 Bartlett 的检验

KMO 值		0.845
Bartlett 球形度检验	近似卡方	2918.216
	df	136
	p 值	0.000

然后，根据特征根值大于 1 的标准，可以提取出 5 个共同因子（如表 6 – 5 所示）。其中，A1 ~ A4 题项的因子载荷值分别是 0.765、0.748、0.747 和 0.784，都大于 0.5，落在公因子 2 上，命名为"新颖性"；A5 ~ A7 题项的因子载荷值分别是 0.823、0.824 和 0.832，都大于 0.5，落在公因子 4 上，命名为"效率"；A8 ~ A11 题项的因子载荷值分别是 0.797、0.760、0.771 和 0.763，都大于 0.5，落在公因子 1 上，命名为"价值共创"；A12 ~ A14 题项的因子载荷值分别是 0.829、0.826 和 0.74，都大于 0.5，落在公因子 5 上，命名为"可扩张性"；A15 ~ A17 题项的因子载荷值分别是 0.854、0.851、0.828，都大于 0.5，落在公因子 3 上，命名为"可持续性"。5 个因子的累计解释方差为 69.175%，大于 60% 的临界值，说明商业模式量表具有较好的效度。

表 6 – 5   商业模式探索性因子分析结果

因子	测量题项	因子载荷系数				
		因子 1	因子 2	因子 3	因子 4	因子 5
新颖性	A1：企业的商业模式以新的方式提供了产品、服务和信息的组合		0.765			
	A2：企业的商业模式引入较多全新的、多样化的合作伙伴		0.748			
	A3：企业的商业模式创造了新的盈利方式		0.747			
	A4：企业的商业模式引入新的运作流程、惯例和规范		0.784			

因子	测量题项	因子载荷系数				
		因子1	因子2	因子3	因子4	因子5
效率	A5：企业的商业模式简化了交易流程				0.823	
	A6：企业的商业模式降低了营销、交易费用及沟通成本				0.824	
	A7：企业的商业模式加快了交易的速度				0.832	
价值共创	A8：企业的商业模式能够为企业与合作伙伴形成良好的合作关系，互惠互利	0.797				
	A9：企业商业模式中合作伙伴合理分享资源与利益	0.760				
	A10：随着业务规模扩大，本企业商业模式会吸引更多的参与者（用户、供应商、其他利益相关者）	0.771				
	A11：企业商业模式能够动态调整（如交易方式、合作伙伴等）以满足利益相关者的需求	0.763				
可扩张性	A12：企业的商业模式很容易应用到其他业务					0.829
	A13：企业的商业模式很容易扩展到其他省市或国家					0.826
	A14：企业的商业模式在企业内部很容易复制，能帮助企业实现多维增值					0.74
可持续性	A15：企业商业模式与利益相关者间具有长期稳定的合作关系			0.854		
	A16：企业商业模式中的客户关系、合作关系及关键流程形成了良性循环，企业能够持续盈利			0.851		
	A17：企业的商业模式能够使企业获得稳定的长期收益			0.828		

（2）验证性因子分析

验证性因子分析主要用于检验某一个因子与对应的观测变量之间的关系是不是符合研究者预先设定的理论关系。

首先，对商业模式量表的模型拟合指标进行检验，拟合指标结果及判断标准如表 6-6 所示。其中，χ^2/df 为 1.222 < 3；GFI、CFI、NFI 分别为 0.967、0.991 和 0.955，都大于 0.9；RMSEA 为 0.038，小于 0.05；其他指标都在可接受范围内。说明商业模式模型具有良好的拟合效果。

表 6-6　　　　　　　　　　商业模式模型拟合指标

常用指标	χ^2	df	p	卡方自由度比 χ^2/df	GFI	RMSEA	RMR	CFI	NFI	NNFI
判断标准	—	—	>0.05	<3	>0.9	<0.10	<0.05	>0.9	>0.9	>0.9
值	133.201	109	0.058	1.222	0.967	0.022	0.038	0.991	0.955	0.989

其他指标	TLI	AGFI	IFI	PGFI	PNFI	SRMR	AIC	BIC		
判断标准	>0.9	>0.9	>0.9	>0.9	>0.9	<0.1	越小越好	越小越好		
值	0.989	0.953	0.992	0.689	0.766	0.03	20565.219	20745.534		

其次，根据因子载荷系数（factor loading）检验展示因子（潜变量）与分析项（显变量）之间的相关关系情况，如果标准载荷系数值大于 0.70 且显著的话，则说明两者之间有着较强的相关关系。由图 6-1 所示，商业模式 5 个维度的 17 个题项因子标准载荷系数大多数都大于 0.70（未达到 0.7 的也是 0.68 或 0.69，接近 0.7），p < 0.001，说明因子与分析项之间有较强的关系。

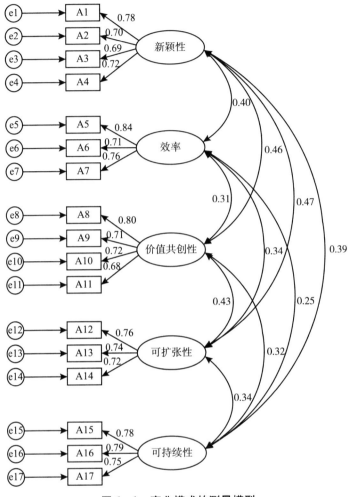

图 6 – 1　商业模式的测量模型

最后，参考安德森和格宾（Anderson & Gerbing，1988）提供的方法，本书通过比较一系列可能的备选模型的拟合指标，验证所开发的五维度模型结构是关系强度最好的测量模型。如表 6 – 7 所示，本书提出的五因子模型的拟合指标较好，而其他备选模型拟合指标未到达理想水平，因此五因子模型是测量商业模式属性的最佳模型。

表6－7   备选模型拟合指标比较

指标	χ^2	df	p	卡方自由度比 χ^2/df	GFI	RMSEA	RMR	CFI	NFI	NNFI
判断标准	—	—	>0.05	<3	>0.9	<0.10	<0.05	>0.9	>0.9	>0.9
单因子模型	1474.273	119	0	12.389	0.68	0.16	0.159	0.521	0.503	0.453
双因子模型	1250.377	118	0	10.596	0.715	0.147	0.157	0.6	0.579	0.539
三因子模型	868.65	116	0	7.488	0.786	0.121	0.127	0.734	0.707	0.688
四因子模型	543.241	113	0	4.807	0.855	0.092	0.137	0.848	0.817	0.817
五因子模型（最佳的模型）	133.201	109	0.058	1.222	0.967	0.022	0.038	0.991	0.955	0.989

注：四因子模型合并了可扩张性和可持续性；三因子模型合并了价值共创性、可扩张性和可持续性；二因子模型分别合并了新颖性与效率，价值共创性、可扩张性和可持续性；单因子模型将所有因子合并成一个因子。

（3）商业模式量表的信度分析

由表6－8可知，新颖性有4个题项，Cronbach's α 为0.805；效率有3个题项，Cronbach's α 为0.820；价值共创性有4个题项，Cronbach's α 为0.819；可扩张性有3个题项，Cronbach's α 为0.784；可持续性有3个题项，Cronbach's α 为0.839。五个属性维度的Cronbach's α 系数都符合大于基本标准0.7；此外，各题项的CITC均大于0.4，项已删除的α系数小于该维度的Cronbach's α 系数，说明该量表具有良好的信度。

（4）商业模式量表的效度分析

首先检验商业模式量表的聚合效度，即同一维度的不同测量题项之间的关联程度。通常情况下用 AVE（平方差萃取量）大于0.5且CR（组合信度）值大于0.7作为判断标准，表示所有测项都可以一致性地解释对应的潜变量。由表6－9可知，商业模式量表中的5个维度AVE都大于0.5，且CR值在0.7以上，具有良好的聚合效度。

表 6 – 8 商业模式的信度分析

变量	维度	题项编号	校正项总计相关性（CITC）	项已删除的 α 系数	各维度的 Cronbach's α 系数	量表的 Cronbach's α 系数
商业模式	新颖性	A1	0.657	0.739	0.805	0.859
		A2	0.603	0.765		
		A3	0.599	0.766		
		A4	0.623	0.754		
	效率	A5	0.698	0.727	0.820	
		A6	0.655	0.771		
		A7	0.669	0.757		
	价值共创	A8	0.693	0.747	0.819	
		A9	0.627	0.778		
		A10	0.633	0.776		
		A11	0.61	0.786		
	可扩张性	A12	0.647	0.679	0.784	
		A13	0.63	0.699		
		A14	0.591	0.74		
	可持续性	A15	0.707	0.771	0.839	
		A16	0.708	0.769		
		A17	0.689	0.788		

表 6 – 9 商业模式量表各因子的 AVE 和 CR 指标结果

因子	平均方差萃取 AVE 值	组合信度 CR 值
新颖性	0.508	0.805
效率	0.606	0.821
价值共创性	0.535	0.821
可扩张性	0.55	0.785
可持续性	0.634	0.839

然后，检验商业模式量表的区分效度，即不同维度或概念的区别程度。通过比较 AVE 平方根值（表示因子的"聚合性"）和相关系数（表示因子之间的相关关系），如果因子 AVE 平方根大于 0.7 且明显强于与其他因子间的相关系数，则说明具有区分效度。由表 6 - 10 可知，商业模式各维度的 AVE 的平方根都在 0.7 以上且各维度的 AVE 的平方根都大于相关系数，说明该量表有很好的区分效度。

表 6 - 10　　　　　　　商业模式量表各因子的 AVE 平方根值

	新颖性	效率	价值共创性	可扩张性	可持续性
新颖性	0.714				
效率	0.315**	0.777			
价值共创性	0.366**	0.306**	0.730		
可扩张性	0.380**	0.296**	0.337**	0.740	
可持续性	0.277**	0.274**	0.307**	0.209**	0.796

注：* 表示 $p < 0.05$，** 表示 $p < 0.01$，*** 表示 $p < 0.001$；对角线上数字为该维度的 AVE 平方根值，其他为维度之间的相关系数。

以上分析结果表明，以新颖性、可持续性、效率、可扩张性和价值共创性构成的多维度商业模式属性测量量表具有较好信度和效度，本书中对商业模式的测量数据是有效的。

6.2.2　动态能力量表的信度与效度分析

（1）信度分析

由表 6 - 11 可知，动态能力变量有 16 个题项，Cronbach's α 为 0.877，Cronbach's α 系数均大于基本标准 0.7；此外，各题项的 CITC 均大于 0.4，项已删除的 α 系数小于该维度的 Cronbach's α 系数，说明动态能力量表具有良好的信度。

表 6 – 11   动态能力信度分析

维度	题项	校正项总计相关性（CITC）	项已删除的 α 系数	Cronbach's α 系数	
环境感知能力	B1	0.416	0.874	0.887	0.877
	B2	0.423	0.874		
	B3	0.52	0.871		
	B4	0.52	0.87		
学习能力	B5	0.553	0.869	0.871	
	B6	0.555	0.869		
	B7	0.541	0.869		
	B8	0.58	0.868		
	B9	0.571	0.868		
整合能力	B10	0.577	0.868	0.874	
	B11	0.537	0.87		
	B12	0.504	0.871		
	B13	0.511	0.871		
重构能力	B14	0.515	0.871	0.873	
	B15	0.489	0.872		
	B16	0.507	0.871		

（2）效度分析

首先，检验动态能力量表做因子分析的适用性，对其进行 KMO 和 Bartlett 检验。如表 6 – 12 所示，动态能力的 KMO 值为 0.919 > 0.7；在 Bartlett 球形度检验中，近似卡方值为 1756.473，显著性水平为 0.000（p 值 < 0.001），说明适合动态能力的 16 个题项适合做因子分析。

其次，按照特征根值大于 1 的标准，可以提取出 4 个共同因子（如表 6 – 13 所示），累计方差解释率 62.219%，大于 60%，说明动态能力量表具有较好的效度。其中，题项 B1 ~ B4 旋转后因子载荷分别为 0.627、0.674、0.567 和 0.589，均大于 0.5，落在公因子 3 上，命名为

"环境感知能力";题项 B5 ~ B9 旋转后因子载荷分别为 0.621、0.625、0.594、0.648 和 0.595,均大于 0.5,落在公因子 1 上,命名为"学习能力";题项 B10 ~ B13 旋转后因子载荷分别为 0.632、0.598、0.561 和 0.599,均大于 0.5,落在公因子 2 上,命名为"整合能力";题项 B14 ~ B16 旋转后因子载荷分别为 0.559、0.526 和 0.577,均大于 0.5,落在公因子 4 上,命名为"重构能力"。

表 6 – 12　　　　　　　动态能力量表的 KMO 和 Bartlett 的检验

KMO 值		0.919
Bartlett 球形度检验	近似卡方	1756.473
	df	120
	p 值	0.000

表 6 – 13　　　　　　　　　动态能力的因子载荷

维度	题项	因子载荷系数			
		因子 1	因子 2	因子 3	因子 4
环境感知能力	B1			0.627	
	B2			0.674	
	B3			0.567	
	B4			0.589	
学习能力	B5	0.621			
	B6	0.625			
	B7	0.594			
	B8	0.648			
	B9	0.595			
整合能力	B10		0.632		
	B11		0.598		
	B12		0.561		
	B13		0.599		

续表

维度	题项	因子载荷系数			
		因子 1	因子 2	因子 3	因子 4
	B14				0.559
重构能力	B15				0.526
	B16				0.577

最后，如表 6 – 14 所示，动态能力模型的拟合指标 χ^2/df 为 1.705 <
3，说明可以接受；GFI、CFI、NFI 分别为 0.953、0.957、0.904 大于
0.9；RMSEA 为 0.04，小于 0.05；其他指标都在可接受范围内，说明
该模型的拟合效果较好。

表 6 – 14　　　　　　　　动态能力模型拟合指标

常用指标	χ^2	df	p	卡方自由度比 χ^2/df	GFI	RMSEA	RMR	CFI	NFI	NNFI
判断标准	—	—	>0.05	<3	>0.9	<0.10	<0.05	>0.9	>0.9	>0.9
值	172.243	101	0	1.705	0.953	0.04	0.049	0.957	0.904	0.949

其他指标	TLI	AGFI	IFI	PGFI	PNFI	SRMR	AIC	BIC		
判断标准	>0.9	>0.9	>0.9	>0.9	>0.9	<0.1	越小越好	越小越好		
值	0.949	0.937	0.958	0.708	0.76	0.038	20319.466	20462.899		

6.2.3　环境动态性量表的信度与效度分析

（1）信度分析

由表 6 – 15 可知，环境动态性变量共有 6 个题项，Cronbach's α 为

0.726，Cronbach's α 系数均大于基本标准 0.7；此外，各题项的 CITC 均大于 0.4，项已删除的 α 系数小于该维度的 Cronbach's α 系数，说明环境动态性量表具有良好的信度。

表 6-15　　　　　　　　　　环境动态性的信度分析

调节变量	题项编号	校正项总计相关性（CITC）	项已删除的 α 系数	Cronbach's α 系数
环境动态性	C1	0.465	0.714	0.726
	C2	0.523	0.669	
	C3	0.468	0.686	
	C4	0.426	0.699	
	C5	0.452	0.691	
	C6	0.534	0.669	

（2）效度分析

首先，检验环境动态性量表做因子分析的适用性，对其进行 KMO 和 Bartlett 检验。如表 6-16 所示，KMO 值为 0.744 > 0.7；在 Bartlett 球形度检验中，近似卡方值为 319.802，显著性水平为 0.000（p 值 < 0.001），说明适合环境动态性的 6 个题项适合做因子分析。

表 6-16　　　　环境动态性量表的 KMO 和 Bartlett 的检验

KMO 值		0.744
Bartlett 球形度检验	近似卡方	319.802
	df	15
	p 值	0.000

其次，按照特征根值大于 1 的标准，环境动态性量表各题项可以提取出 1 个共同因子（如表 6-17 所示），所以题项的因子载荷均大于

0.5，命名为"环境动态性"。

表 6 - 17 　　　　　　　　　　环境动态性的因子载荷

题项	因子载荷系数
C1：顾客的需求变化速度较快并日趋多样化和个性化	0.525
C2：顾客对产品或服务的偏好变化速度较快	0.68
C3：顾客总是趋向于寻求新的产品或服务	0.575
C4：用新技术制造的产品或服务对顾客更具有吸引力	0.584
C5：市场上企业现有产品或服务的价格竞争程度较大	0.623
C6：市场上企业现有产品或服务的销售竞争程度较大	0.679

最后，如表 6 - 18 所示，环境动态性模型的拟合指标 χ^2/df 为 2.048 < 3，说明可以接受；GFI、CFI、NFI 分别为 0.988、0.973、0.949 大于 0.9；RMSEA 为 0.035，小于 0.05；其他指标都在可接受范围内，说明该模型的拟合效果较好。

表 6 - 18 　　　　　　　　　　环境动态性模型拟合指标

常用指标	χ^2	df	p	卡方自由度比 χ^2/df	GFI	RMSEA	RMR	CFI	NFI	NNFI
判断标准	—	—	> 0.05	< 3	> 0.9	< 0.10	< 0.05	> 0.9	> 0.9	> 0.9
值	16.384	8	0.037	2.048	0.988	0.049	0.035	0.973	0.949	0.949

其他指标	TLI	AGFI	IFI	PGFI	PNFI	SRMR	AIC	BIC		
判断标准	> 0.9	> 0.9	> 0.9	> 0.9	> 0.9	< 0.1	越小越好	越小越好		
值	0.949	0.968	0.973	0.376	0.506	0.031	7528.371	7581.646		

6.2.4 企业绩效量表的信度与效度分析

（1）信度分析

由表 6 - 19 可知，财务绩效维度有 4 个题项，Cronbach's α 为 0.835，Cronbach's α 系数符合大于 0.7 的基本标准；市场绩效维度有 4 个题项，Cronbach's α 为 0.741，Cronbach's α 系数均大于基本标准 0.7；此外，各题项的 CITC 均大于 0.4，项已删除的 α 系数小于该维度的 Cronbach's α 系数，说明企业绩效量表具有良好的信度。

表 6 - 19　　　　　　　企业绩效的信度分析

因变量	维度	题项	校正项总计相关性（CITC）	项已删除的 α 系数	各维度的 Cronbach's α 系数	Cronbach's α 系数
企业绩效	财务绩效	D1	0.667	0.791	0.835	0.867
		D2	0.686	0.782		
		D3	0.698	0.776		
		D4	0.612	0.816		
	市场绩效	D5	0.546	0.675	0.741	
		D6	0.562	0.666		
		D7	0.488	0.707		
		D8	0.539	0.679		

（2）效度分析

首先，检验企业绩效量表做因子分析的适用性，对其进行 KMO 和 Bartlett 检验。如表 6 - 20 所示，企业绩效的 KMO 值为 0.908 > 0.7；在 Bartlett 球形度检验中，近似卡方值为 1224.112，显著性水平为 0.000（p 值 < 0.001），说明企业绩效的 8 个题项适合做因子分析。

表 6 – 20 企业绩效量表的 KMO 和 Bartlett 的检验

KMO 值		0.908
Bartlett 球形度检验	近似卡方	1224.112
	df	28
	p 值	0.000

其次，按照特征根值大于 1 的标准，企业绩效量表各题项可以提取出 2 个共同因子（如表 6 – 21 所示），其中，题项 D1 ~ D4 旋转后因子载荷值分别是 0.788、0.764、0.737 和 0.732，都大于 0.5，落在公因子 1 上，命名为"财务绩效"；题项 D5 ~ D8 旋转后因子载荷值分别是 0.610、0.642、0.842 和 0.713，都大于 0.5，落在公因子 2 上，命名为"市场绩效"；2 个因子的累计解释方差为 60.110%，大于 60% 的临界值，说明企业绩效量表具有较好的效度。

表 6 – 21 企业绩效的因子载荷

因子	名称	因子载荷系数	
		因子1	因子2
财务绩效	D1：与主要竞争对手比较，本企业近三年的销售增长率较高	0.788	
	D2：与主要竞争对手比较，本企业近三年的利润增长较快	0.764	
	D3：与主要竞争对手比较，本企业近三年的投资回报率较高	0.737	
	D4：与主要竞争对手比较，本企业近三年的总收入较高	0.732	
市场绩效	D5：与主要竞争对手比较，本企业近三年的市场占有率较高		0.610
	D6：与主要竞争对手比较，本企业近三年对市场的拓展效果较好		0.642
	D7：与主要竞争对手比较，本企业近三年顾客的满意度较高		0.842
	D8：与主要竞争对手比较，本企业近三年提供的新产品和新服务较多		0.713
累积方差解释率（%）（旋转后）		39.994	60.110

最后，由表 6 – 22 可知，企业绩效模型的拟合指标 χ^2/df 为 1.03 <

2；GFI、CFI、NFI 分别为 0.985、0.994 和 0.978，都大于 0.9；RM-SEA 为 0.036，小于 0.05；其他指标都在可接受范围内，说明该模型具有良好的拟合效果。

表 6-22　　　　　　　　　　企业绩效模型拟合指标

常用指标	χ^2	df	p	卡方自由度比 χ^2/df	GFI	RMSEA	RMR	CFI	NFI	NNFI
判断标准	—	—	>0.05	<3	>0.9	<0.10	<0.05	>0.9	>0.9	>0.9
值	26.663	19	0.113	1.403	0.985	0.03	0.036	0.994	0.978	0.991

其他指标	TLI	AGFI	IFI	PGFI	PNFI	SRMR	AIC	BIC		
判断标准	>0.9	>0.9	>0.9	>0.9	>0.9	<0.1	越小越好	越小越好		
值	0.991	0.972	0.994	0.52	0.664	0.023	10542.92	10612.588		

6.3　假　设　检　验

本书采用相关分析和回归分析方法进行假设检验。相关分析是指对两个或多个具有相关性的变量进行分析，从而衡量每两个变量间的相关密切程度。相关分析是模型研究的初步检验，只有变量具有相关性，才可以进一步研究模型中变量之间的关系。回归分析是用回归方程来描述和反映变量之间的依赖关系和一个变量受其他变量影响的程度是多少。通过以下标准对回归结果进行检验：①采用显著性（Sig.）值对变量间关系的显著性进行判断。常用的判断标准是：当 Sig. ≥0.05，说明结果不显著，即变量之间不存在因果关系；当 0.01 < Sig. <0.05 时，结果显著，可标注为＊；当 0.001 < Sig. <0.01 时，结果显著，可标注为＊＊；

当 Sig. < 0.001 时，结果显著，可标注为 ∗∗∗。②采用方差膨胀因子（variance inflation factor，VIF）指数对回归模型中可能存在的多重共线性进行检验，当 0 < VIF < 10 时，则表明多重共线性不严重。③采用 D − W（durbin-watson）值来检验变量之间的序列相关性，当 D − W 值显著的接近 0 或 4 时，表示存在自相关性，而接近 2 时，则不存在自相关性。

本书采用学者们普遍使用的 Pearson 系数进行相关分析。如表 6 − 23 所示，本书的四个变量共九个维度之间全部相关，并且相关系数值均在 p < 0.01 水平下显著相关，为下一步的回归分析奠定了基础。

表 6 − 23　　　　　　　研究变量描述性统计和相关系数矩阵

	平均值	标准差	新颖性	效率	价值共创性	可扩张性	可持续性	动态能力	环境动态性	财务绩效	市场绩效
新颖性	5.467	0.812	1								
效率	5.42	1.045	0.315 ∗∗	1							
价值共创性	5.494	0.898	0.366 ∗∗	0.306 ∗∗	1						
可扩张性	5.108	0.997	0.380 ∗∗	0.296 ∗∗	0.337 ∗∗	1					
可持续性	5.45	1.012	0.277 ∗∗	0.274 ∗∗	0.307 ∗∗	0.209 ∗∗	1				
动态能力	5.452	0.713	0.458 ∗∗	0.400 ∗∗	0.519 ∗∗	0.416 ∗∗	0.467 ∗∗	1			
环境动态性	5.659	0.738	0.281 ∗∗	0.197 ∗∗	0.282 ∗∗	0.227 ∗∗	0.303 ∗∗	0.409 ∗∗	1		
财务绩效	5.019	1.082	0.388 ∗∗	0.281 ∗∗	0.363 ∗∗	0.356 ∗∗	0.253 ∗∗	0.512 ∗∗	0.199 ∗∗	1	
市场绩效	5.254	0.96	0.383 ∗∗	0.438 ∗∗	0.411 ∗∗	0.356 ∗∗	0.503 ∗∗	0.631 ∗∗	0.296 ∗∗	0.684 ∗∗	1

注：∗ 表示 p < 0.05，∗∗ 表示 p < 0.01，∗∗∗ 表示 p < 0.001。

6.3.1 商业模式属性与企业绩效关系的检验

（1）商业模式属性与财务绩效的回归分析

以商业模式的五个关键属性新颖性、效率、价值共创性、可扩张性和可持续性为本次回归分析的自变量，将财务绩效作为因变量，建立回归模型（回归模型统计量摘要见表6-24，回归系数见表6-25）。其中，模型1以控制量为自变量，财务绩效为因变量建立多元回归模型；模型2加入新颖性、效率、价值共创性、可扩张性和可持续性作为自变量，财务绩效为因变量建立多元回归模型。如表6-24所示，模型1的R^2为0.023，F值为2.595（$p < 0.05$），说明控制变量解释了总体变异的2.3%；另外，表6-25中VIF最大值为1.337，远小于10，说明不存在明显多重共线性。根据表6-25回归结果显示，企业规模与财务绩效存在着显著正相关，其非标准化系数为0.142（$p < 0.05$），这说明随着企业规模的扩大，会产生规模经济，企业的盈利能力会逐渐增强，财务绩效的各项指标也会随之提升。模型2的R^2为0.257，ΔR^2为0.234，说明在加入了商业模式各维度之后，模型的解释力显著增加了23.4%，达到了25.7%。模型整体的F值为16.758（$p < 0.01$），说明模型2在0.01的水平上显著。VIF最大值1.313，远小于10，说明不存在明显多重共线性。模型2的D-W值在2左右，说明不存在严重的自相关问题。

表6-24   商业模式与财务绩效回归统计量摘要（N=445）

模型	R	R^2	调整后R^2	标准估计的误差	更改统计量					F	Sig.	D-W
					ΔR^2	ΔF	df1	df2	Sig. ΔF			
1	0.152	0.023	0.014	1.07396	0.023	2.595	4	440	0.036	2.595	0.036	
2	0.507	0.257	0.242	0.94166	0.234	27.465	5	435	0.000	16.758	0.000	2.075

表6-25　　　　　　　商业模式与财务绩效回归系数（N=445）

模型		非标准化系数		标准系数	t	Sig.	共线性统计量	
		B	标准误差	β			容差	VIF
1	（常量）	5.182	0.284		18.262	0.000		
	企业年限	-0.114	0.056	-0.111	-2.041	0.042	0.748	1.337
	企业行业	0.004	0.023	0.008	0.161	0.872	0.955	1.047
	企业性质	-0.116	0.071	-0.078	-1.647	0.100	0.982	1.019
	企业规模	0.142	0.055	0.140	2.589	0.010	0.756	1.323
2	新颖性	0.268	0.064	0.201	4.207	0.000	0.749	1.336
	效率	0.096	0.047	0.093	2.021	0.044	0.812	1.232
	价值共创性	0.214	0.057	0.178	3.758	0.000	0.762	1.313
	可扩张性	0.181	0.051	0.166	3.558	0.000	0.781	1.280
	可持续性	0.080	0.048	0.075	1.660	0.098	0.840	1.190

从表6-25中可以得出，新颖性（$\beta=0.201$，$p<0.001$）、价值共创性（$\beta=0.178$，$p<0.001$）、可扩张性（$\beta=0.166$，$p<0.001$）的回归系数均在0.001水平上显著，效率（$\beta=0.093$，$p<0.05$）的回归系数在0.05的水平上显著。从标准化系数β值来看，新颖性的回归系数最大为0.201[***]（$t=4.207$；$p<0.001$），其次是价值共创性，系数为0.178[***]（$t=3.758$；$p<0.001$）和可扩张性，系数为0.166[***]（$t=3.558$；$p<0.001$），三者均在0.001的水平上显著；效率的标准化回归系数为0.093[*]（$t=2.021$；$p<0.05$），且在0.05的水平上显著。说明新颖性、效率、价值共创性和可扩张性分别显著正向影响企业的财务绩效，假设H1a、H1b、H1c和H1d通过检验。可持续性（$\beta=0.075$，$p>0.05$）的p值>0.05，表示可持续性对财务绩效没有显著影响，假设H1e未通过检验。

（2）商业模式属性与市场绩效的回归分析

以商业模式的五个关键属性新颖性、效率、价值共创性、可扩张性和可持续性作为本次分析的自变量，将市场绩效作为因变量，进行多元回归（回归模型统计量摘要如表 6 – 26 所示，回归系数如表 6 – 27 所示）。其中，模型 1 以控制量为自变量，市场绩效为因变量建立多元回归模型；模型 2 加入新颖性、效率、价值共创性、可扩张性和可持续性作为自变量，市场绩效为因变量建立多元回归模型。

表 6 – 26　　　商业模式与市场绩效回归统计量摘要（N = 445）

模型	R	R²	调整后 R²	标准估计的误差	更改统计量					F	Sig.	D – W
					ΔR²	ΔF	df1	df2	Sig. ΔF			
1	0.133	0.018	0.009	0.95601	0.018	1.994	4	440	0.095	1.994	0.095	
2	0.653	0.426	0.415	0.73471	0.409	61.997	5	435	0.000	35.943	0.000	2.054

表 6 – 27　　　　　商业模式与市场绩效回归系数（N = 445）

模型		非标准化系数		标准系数	t	Sig.	共线性统计量	
		B	标准误差	β			容差	VIF
1	（常量）	5.422	0.253		21.465	0.000		
	企业年限	– 0.095	0.050	– 0.105	– 1.913	0.056	0.748	1.337
	企业行业	– 0.017	0.021	– 0.039	– 0.817	0.414	0.955	1.047
	企业性质	– 0.073	0.063	– 0.055	– 1.158	0.247	0.982	1.019
	企业规模	0.113	0.049	0.125	2.298	0.022	0.756	1.323
2	新颖性	0.130	0.050	0.110	2.616	0.009	0.749	1.336
	效率	0.212	0.037	0.231	5.72	0.000	0.812	1.232
	价值共创性	0.171	0.044	0.160	3.847	0.000	0.762	1.313
	可扩张性	0.115	0.040	0.120	2.907	0.004	0.781	1.280
	可持续性	0.321	0.038	0.338	8.53	0.000	0.840	1.190

模型 1 首先检验了控制变量与市场绩效之间的关系。模型 1 的 R^2 为 0.018，F 值为 1.994（p > 0.05），说明控制变量解释了总体变异的

1.8%；另外，VIF 最大值为 1.337，远小于 10，说明不存在明显多重共线性。表 6 - 27 回归结果显示，企业规模与市场绩效存在着显著正相关，其标准化系数为 0.113（p < 0.05），这说明随着企业规模的扩大而产生规模经济可以帮助企业提高市场占有率、拓展新的市场，产生可持续的竞争优势，提升企业的市场绩效。模型 2 的 R^2 为 0.426，ΔR^2 为 0.409，说明在加入了商业模式各维度之后，模型的解释力为 42.6%，显著增加了 40.9%。模型整体的 F 值为 35.943（p < 0.001），在 0.001 的水平上显著。VIF 最大值 1.336 < 10，说明不存在明显多重共线性。模型 2 的 D - W 值在 2 左右，说明不存在严重的自相关问题。

从表 6 - 27 中可以得出，新颖性（β = 0.110，p < 0.001）、效率（β = 0.231，p < 0.001）价值共创性（β = 0.160，p < 0.001）、可持续性（β = 0.338，p < 0.001）的回归系数均在 0.001 的水平上显著，可扩张性（β = 0.120，p < 0.01）的回归系数在 0.01 的水平上显著。从标准化回归系数 β 值来看，可持续性的回归系数最大为 0.338 *** （t = 8.53，p < 0.001）；其次是效率的 β 值为 0.231 *** （t = 5.72，p < 0.001）、价值共创性的 β 值为 0.160 *** （t = 3.847，p < 0.001）、可扩张性的 β 值为 0.120 ** （t = 2.907，p < 0.01）、最后是新颖性的 β 值为 0.110 ** （t = 2.616，p < 0.001）。回归结果表明新颖性、效率、价值共创性、可扩张性和可持续性分别显著正向影响企业的市场绩效，假设 H1f、H1g、H1h、H1i、H1j 均通过检验。

6.3.2 商业模式属性与动态能力的关系检验

以商业模式的五个关键属性新颖性、效率、价值共创性、可扩张性和可持续性为本次分析的自变量，将动态能力作为因变量，进行多元回归，回归模型统计量摘要如表 6 - 28 所示，回归系数如表 6 - 29 所示。其中，模型 1 以控制量为自变量，动态能力为因变量建立多元回归模型；模型 2 加入新颖性、效率、价值共创性、可扩张性和可持续性作为自变量，动态能力为因变量建立多元回归模型。模型1首先检验了控制变量与动态能力之间的关系。模型1的R^2为0.024，F值为2.663（$p<0.05$），说明控制变量解释了总体变异的2.4%；另外，VIF最大值为1.337，远小于10，说明不存在明显多重共线性。模型2的R^2为0.478，ΔR^2为0.454，说明在加入了商业模式各维度之后，模型的解释力显著增加了45.4%，达到了47.8%。模型整体的F值为44.242（$p<0.001$），说明模型2在0.001的水平上显著。VIF最大值1.336<10，说明不存在明显多重共线性。模型2的D–W值在2左右，说明不存在严重的自相关问题。

表6–28　　　　　商业模式与动态能力回归统计量摘要（N=445）

模型	R	R^2	调整后R^2	标准估计的误差	更改统计量					F	Sig.	D–W
					ΔR^2	ΔF	df1	df2	Sig. ΔF			
1	0.154	0.024	0.015	0.70805	0.024	2.663	4	440	0.032	2.663	0.032	
2	0.691	0.478	0.467	0.52074	0.454	75.696	5	435	0.000	44.242	0.000	2.009

表6–29　　　　　　商业模式与动态能力回归系数（N=445）

模型		非标准化系数		标准系数	t	Sig.	共线性统计量	
		B	标准误差	β			容差	VIF
1	（常量）	5.594	0.187		29.899	0.000		
	企业年限	−0.032	0.037	−0.048	−0.882	0.378	0.748	1.337
	企业行业	−0.029	0.015	−0.090	−1.869	0.062	0.955	1.047
	企业性质	−0.087	0.047	−0.089	−1.871	0.062	0.982	1.019
	企业规模	0.068	0.036	0.102	1.887	0.060	0.756	1.323
2	新颖性	0.158	0.035	0.179	4.483	0.000	0.749	1.336
	效率	0.095	0.026	0.139	3.617	0.000	0.812	1.232
	价值共创性	0.218	0.032	0.274	6.909	0.000	0.762	1.313
	可扩张性	0.114	0.028	0.160	4.08	0.000	0.781	1.280
	可持续性	0.187	0.027	0.265	6.995	0.000	0.840	1.190

从表 6 – 29 中可以得出，新颖性（β = 0.179，p < 0.001）、效率（β = 0.139，p < 0.001）价值共创性（β = 0.274，p < 0.001）、可扩张性（β = 0.160，p < 0.001）、可持续性（β = 0.265，p < 0.001）的回归系数均在 0.001 的水平上显著。从标准化回归系数 β 值来看，价值共创性的回归系数最大为 0.274 ***（t = 6.909，p < 0.001）；其次是可持续性的 β 值为 0.265 ***（t = 6.995，p < 0.001）、新颖性的 β 值为 0.179 ***（t = 4.483，p < 0.001）、可扩张性的 β 值为 0.160 ***（t = 4.08，p < 0.001）、最后是效率的 β 值为 0.139 ***（t = 3.617，p < 0.001）。回归结果说明新颖性、效率、价值共创性、可扩张性和可持续性分别显著正向影响动态能力，假设 H2a、H2b、H2c、H2d、H2e 均通过检验。

6.3.3　动态能力与企业绩效的关系检验

（1）动态能力对财务绩效的回归分析

以动态能力为自变量，企业的财务绩效为因变量进行回归分析，回归模型统计量摘要如表 6 – 30 所示，回归系数如表 6 – 31 所示。模型 1 以控制量为自变量，财务绩效为因变量建立多元回归模型；模型 2 加入动态能力作为本次回归分析的自变量，同时将财务绩效作为本次分析的因变量，建立多元回归模型。模型 1 首先检验了控制变量与财务绩效之间的关系。模型 1 的 R^2 为 0.023，F 值为 2.595（p < 0.05），说明控制变量解释了总体变异的 2.3%；另外，VIF 最大值为 1.337，远小于 10，说明不存在明显多重共线性。模型 2 的 R^2 为 0.275，ΔR^2 为 0.251，说明在加入了动态能力之后，模型的解释力达到了 27.5%，增加了 25.1%。模型整体的 F 值为 33.221（p < 0.001），说明模型 2 在 0.001 的水平上显著。VIF 值 1.024 < 10，说明不存在明显多重共线性。模型 2 的 D – W 值在 2 左右，说明不存在严重的自相关问题。

表 6 - 30   动态能力与财务绩效回归统计量摘要（N = 445）

模型	R	R^2	调整后 R^2	标准估计的误差	更改统计量					F	Sig.	D - W
					ΔR^2	ΔF	df1	df2	Sig. ΔF			
1	0.152	0.023	0.014	1.07396	0.023	2.595	4	440	0.036	2.595	0.036	
2	0.524	0.275	0.266	0.92654	0.251	152.158	1	439	0.000	33.221	0.000	2.070

表 6 - 31   动态能力与财务绩效回归系数（N = 445）

模型		非标准化系数		标准系数	t	Sig.	共线性统计量	
		B	标准误差	β			容差	VIF
1	（常量）	5.182	0.284		18.262	0.000		
	企业年限	− 0.114	0.056	− 0.111	− 2.041	0.042	0.748	1.337
	企业行业	0.004	0.023	0.008	0.161	0.872	0.955	1.047
	企业性质	− 0.116	0.071	− 0.078	− 1.647	0.100	0.982	1.019
	企业规模	0.142	0.055	0.140	2.589	0.010	0.756	1.323
2	动态能力	0.770	0.062	0.507	12.335	0.000	0.976	1.024

从表 6 - 31 中可以得出，动态能力（β = 0.507，p < 0.001）的回归系数在 0.001 水平上显著，说明动态能力显著正向影响财务绩效，假设 H3a 通过检验。

（2）动态能力对市场绩效的回归分析

以动态能力为自变量，企业的市场绩效为因变量进行回归分析，回归模型统计量摘要如表 6 - 32 所示，回归系数表如 6 - 33 所示。模型 1 以控制量为自变量，市场绩效为因变量建立多元回归模型；模型 2 加入动态能力作为本次回归分析的自变量，同时将市场绩效作为本次分析的因变量，建立多元回归模型。模型 1 首先检验了控制变量与市场绩效之间的关系。模型 1 的 R^2 为 0.018，F 值为 1.994（p < 0.05），说明控制变量解释了总体变异的 1.8%；另外，VIF 最大值为 1.337，远小于 10，说明不存在明显多重共线性。模型 2 的 R^2 为 0.403，ΔR^2 为 0.385，说

明在加入了动态能力之后，模型的解释力显著增加了 38.5%，达到了 40.3%。模型整体的 F 值为 59.311（p < 0.01），说明模型 2 在 0.01 的水平上显著。VIF 值 1.024，远小于 10，说明不存在明显多重共线性。模型 2 的 D - W 值在 2 左右，说明不存在严重的自相关问题。

表 6 - 32　　　　　动态能力与市场绩效回归统计量摘要（N = 445）

模型	R	R²	调整后 R²	标准估计的误差	更改统计量					F	Sig.	D - W
					ΔR²	ΔF	df1	df2	Sig. ΔF			
1	0.133	0.018	0.009	0.95601	0.018	1.994	4	440	0.095	1.994	0.095	
2	0.635	0.403	0.396	0.74608	0.385	283.460	1	439	0.000	59.311	0.000	1.943

表 6 - 33　　　　　动态能力与市场绩效回归系数（N = 445）

模型		非标准化系数		标准系数	t	Sig.	共线性统计量	
		B	标准误差	β			容差	VIF
1	（常量）	5.422	0.253		21.465	0.000		
	企业年限	-0.095	0.050	-0.105	-1.913	0.056	0.748	1.337
	企业行业	-0.017	0.021	-0.039	-0.817	0.414	0.955	1.047
	企业性质	-0.073	0.063	-0.055	-1.158	0.247	0.982	1.019
	企业规模	0.113	0.049	0.125	2.298	0.022	0.756	1.323
2	动态能力	0.846	0.050	0.628	16.836	0.000	0.976	1.024

表 6 - 33 回归结果显示，动态能力（β = 0.628，p < 0.001）的回归系数在 0.001 水平上显著，说明动态能力显著正向影响市场绩效，假设 H3b 通过检验。

6.3.4　动态能力的中介作用检验

温忠麟（2014）指出检验中介效应最流行的方法是巴伦和肯尼

（Baron & Kenny，1986）的逐步法（casual steps approach），但是这种方法近年来逐步法受到了批评和质疑，因此本书应用目前普遍认为比较好的 Bootstrap 法，使用 SPSS 插件 PROCESS 3.4 软件直接检验系数乘积的显著性。

（1）动态能力在商业模式和财务绩效之间的中介效应检验

表 6 - 34 中，模型 1 为自变量商业模式的五个属性新颖性、效率、价值共创性、可扩张性和可持续性与因变量财务绩效进行回归模型构建；模型 2 为自变量商业模式的五个属性新颖性、效率、价值共创性、可扩张性和可持续性与中介变量动态能力进行回归模型构建；模型 3 为自变量商业模式的五个属性和中介变量动态能力一起与因变量财务绩效进行回归模型构建。

表 6 - 34　　　　动态能力的中介作用分析结果（一）（n = 445）

变量	模型 1				模型 2				模型 3			
	B	标准误	t	p	B	标准误	t	p	B	标准误	t	p
常数	5. 182 ***	0. 284	18. 262	0. 000	5. 594 ***	0. 187	29. 899	0. 000	- 0. 12	0. 463	- 0. 258	0. 796
企业年限	- 0. 114 *	0. 056	- 2. 041	0. 042	- 0. 032	0. 037	- 0. 882	0. 378	- 0. 076	0. 047	- 1. 608	0. 109
企业行业	0. 004	0. 023	0. 161	0. 872	- 0. 029	0. 015	- 1. 869	0. 062	0. 02	0. 02	1. 029	0. 304
企业性质	- 0. 116	0. 071	- 1. 647	0. 100	- 0. 087	0. 047	- 1. 871	0. 062	- 0. 03	0. 06	- 0. 493	0. 622
企业规模	0. 142 **	0. 055	2. 589	0. 010	0. 068	0. 036	1. 887	0. 060	0. 07	0. 047	1. 486	0. 138
新颖性	0. 268 ***	0. 064	4. 207	0. 000	0. 158 ***	0. 035	4. 483	0. 000	0. 185 **	0. 062	2. 963	0. 003
效率	0. 096 *	0. 047	2. 021	0. 044	0. 095 ***	0. 026	3. 617	0. 000	0. 046	0. 046	0. 997	0. 319
价值共创性	0. 214 ***	0. 057	3. 758	0. 000	0. 218 ***	0. 032	6. 909	0. 000	0. 1	0. 058	1. 734	0. 084
可扩张性	0. 181 ***	0. 051	3. 558	0. 000	0. 114 ***	0. 028	4. 08	0. 000	0. 120 *	0. 05	2. 43	0. 015
可持续性	0. 08	0. 048	1. 66	0. 098	0. 186 ***	0. 027	6. 995	0. 000	- 0. 018	0. 049	- 0. 369	0. 712
动态能力									0. 526 ***	0. 083	6. 328	0. 000
R^2	0. 257				0. 478				0. 32			
调整 R^2	0. 242				0. 467				0. 304			
F 值	$F_{(9, 435)} = 16. 754$，p = 0. 000				$F_{(9, 435)} = 44. 241$，p = 0. 000				$F_{(10, 434)} = 20. 437$，p = 0. 000			

注：* 表示 p < 0.05，** 表示 p < 0.01，*** 表示 p < 0.001。

表 6 - 35　　　　　　　　动态能力中介作用检验结果汇总（一）

项	c 总效应	a	b	a＊b中介效应	a＊b（95% BootCI)	c′直接效应	检验结论
新颖性→动态能力→财务绩效	0.268＊＊＊	0.158＊＊＊	0.526＊＊＊	0.083	0.027～0.103	0.185＊＊	部分中介
效率→动态能力→财务绩效	0.096＊	0.095＊＊＊	0.526＊＊＊	0.05	0.017～0.088	0.046	完全中介
价值共创性→动态能力→财务绩效	0.214＊＊＊	0.218＊＊＊	0.526＊＊＊	0.115	0.047～0.153	0.1	完全中介
可扩张性→动态能力→财务绩效	0.181＊＊＊	0.114＊＊＊	0.526＊＊＊	0.06	0.019～0.104	0.120＊	部分中介
可持续性→动态能力→财务绩效	0.08	0.186＊＊＊	0.526＊＊＊	0.098	0.047～0.142	-0.018	完全中介

注：＊表示 $p < 0.05$，＊＊表示 $p < 0.01$，＊＊＊表示 $p < 0.001$。

由表 6 - 35 可知：①Bootstrap 5000 次自助抽样后新颖性→动态能力→财务绩效的 95% 置信区间不包括 0 [0.027，0.103]，且当中介变量加入模型后，自变量依然显著。因此，动态能力在新颖性和财务绩效之间的影响中具有部分中介作用。②Bootstrap 5000 次自助抽样后效率→动态能力→财务绩效的 95% 置信区间不包括 0 [0.017，0.088]，且当中介变量加入模型后，由原来的直接效应不显著变为显著。因此，动态能力在效率和财务绩效之间的影响中具有完全中介作用。③Bootstrap 5000 次自助抽样后价值共创性→动态能力→财务绩效的 95% 置信区间不包括 0 [0.047，0.153]，且当中介变量加入模型后，由原来的直接效应不显著变为显著。据此，动态能力在价值共创性和财务绩效之间的影响中具有完全中介作用。④Bootstrap 5000 次自助抽样后可扩张性→动态能力→财务绩效的 95% 置信区间不包括 0 [0.019，0.104]，且当中介变量加入模型后，自变量依然显著。据此，动态能力在可扩张性和财务绩效之间的影响中具有部分中介作用。⑤Bootstrap 5000 次自助抽样后可持续性→动态能力→财务绩效的 95% 置信区间不包括 0 [0.047，0.142]，且当中介变量加入模型后，可持续性对财务绩效由原来的不显著变为显著。据此，动态能力在可持续性和财务绩效之间的影响中具有完全中介作用。

综上所述，中介变量动态能力在新颖性、效率、价值共创性、可扩张性、可扩张性和财务绩效之间具有显著的中介作用，假设 H4a、H4b、H4c、H4d、H4e 成立。

（2）动态能力在商业模式和市场绩效之间的中介效应检验

在表 6-36 中，模型 4 为自变量商业模式的五个属性新颖性、效率、价值共创性、可扩张性和可持续性与因变量市场绩效进行回归模型构建；模型 5 为自变量商业模式的五个属性新颖性、效率、价值共创性、可扩张性和可持续性与中介变量动态能力进行回归模型构建；模型 6 为自变量商业模式的五个属性和中介变量动态能力一起与因变量市场绩效进行回归模型构建。

表 6-36　　　　动态能力中介作用分析结果（二）（n = 445）

变量	模型 4				模型 5				模型 6			
	B	标准误	t	p	B	标准误	t	p	B	标准误	t	p
常数	5.422 ***	0.253	21.465	0.000	5.594 ***	0.187	29.899	0.000	-0.373	0.353	-1.056	0.291
企业年限	-0.095	0.050	-1.913	0.056	-0.032	0.037	-0.882	0.378	-0.069	0.036	-1.921	0.055
企业行业	-0.017	0.021	-0.817	0.414	-0.029	0.015	-1.869	0.062	-0.004	0.015	-0.268	0.789
企业性质	-0.073	0.063	-1.158	0.247	-0.087	0.047	-1.871	0.062	0.026	0.046	0.568	0.57
企业规模	0.113 *	0.049	2.298	0.022	0.068	0.036	1.887	0.060	0.022	0.036	0.61	0.542
新颖性	0.130 **	0.05	2.616	0.009	0.158 ***	0.035	4.483	0.000	0.051	0.047	1.065	0.288
效率	0.212 ***	0.037	5.72	0.000	0.095 ***	0.026	3.617	0.000	0.164 ***	0.035	4.667	0.000
价值共创性	0.171 ***	0.044	3.847	0.000	0.218 ***	0.032	6.909	0.000	0.062	0.044	1.406	0.16
可扩张性	0.115 **	0.04	2.907	0.004	0.114 ***	0.028	4.08	0.000	0.058	0.038	1.525	0.128
可持续性	0.321 ***	0.038	8.53	0.000	0.186 ***	0.027	6.995	0.000	0.227 ***	0.037	6.12	0.000

续表

变量	模型4				模型5				模型6			
	B	标准误	t	p	B	标准误	t	p	B	标准误	t	p
动态能力									0.503 ***	0.063	7.943	0.000
R^2	0.426				0.478				0.499			
调整 R^2	0.415				0.467				0.488			
F值	$F(9, 435) = 35.933, p = 0.000$				$F(9, 435) = 44.241, p = 0.000$				$F(10, 434) = 43.265, p = 0.000$			

注: * 表示 $p < 0.05$, ** 表示 $p < 0.01$, *** 表示 $p < 0.001$。

表 6 - 37   动态能中介作用检验结果汇总（二）

项	c 总效应	a	b	a*b中介效应	a*b (95% BootCI)	c′直接效应	检验结论
新颖性→动态能力→市场绩效	0.130 **	0.158 ***	0.503 ***	0.079	0.030 ~ 0.108	0.051	完全中介
效率→动态能力→市场绩效	0.212 ***	0.095 ***	0.503 ***	0.048	0.019 ~ 0.092	0.164 ***	部分中介
价值共创性→动态能力→市场绩效	0.171 ***	0.218 ***	0.503 ***	0.11	0.057 ~ 0.156	0.062	完全中介
可扩张性→动态能力→市场绩效	0.115 **	0.114 ***	0.503 ***	0.058	0.023 ~ 0.107	0.058	完全中介
可持续性→动态能力→市场绩效	0.321 ***	0.186 ***	0.503 ***	0.094	0.055 ~ 0.151	0.227 ***	部分中介

注: * 表示 $p < 0.05$, ** 表示 $p < 0.01$, *** 表示 $p < 0.001$。

由表 6 - 37 可知：①Bootstrap 5000 次自助抽样后新颖性→动态能力→市场绩效的 95% 置信区间不包括 0 [0.030, 0.108]，且当中介变量加入模型后，由原来的直接效应不显著变为显著。据此，动态能力在新颖性和市场绩效之间的影响中具有完全中介作用。②Bootstrap 5000 次自助抽样后效率→动态能力→市场绩效的 95% 置信区间不包括 0

［0.019，0.092］，且当中介变量加入模型后，自变量依然显著。据此，动态能力在效率和市场绩效之间的影响中具有部分中介作用。③Bootstrap 5000 次自助抽样后价值共创性→动态能力→市场绩效的 95% 置信区间不包括 0 ［0.057，0.156］，且当中介变量加入模型后，由原来的直接效应不显著变为显著。据此，动态能力在价值共创性和市场绩效之间的影响中具有部分中介作用。④Bootstrap 5000 次自助抽样后可扩张性→动态能力→市场绩效的 95% 置信区间不包括 0 ［0.023，0.107］，且当中介变量加入模型后，由原来的直接效应不显著变为显著。据此，动态能力在可扩张性和市场绩效之间的影响中具有部分中介作用。⑤Bootstrap 5000 次自助抽样后可持续性→动态能力→市场绩效的 95% 置信区间不包括 0 ［0.055，0.151］，且当中介变量加入模型后，自变量依然显著。据此，动态能力在可持续性和市场绩效之间的影响中具有部分中介作用。

综上所述，中介变量动态能力在新颖性、效率、价值共创性、可扩张性和可持续性和市场绩效之间具有显著的中介作用，故假设 H4f、H4g、H4h、H4i、H4j 成立。

6.3.5 环境动态性调节作用检验

（1）环境动态性在动态能力与财务绩效之间的调节效应检验

本书采用多元层级回归对调节效应进行检验，回归结果如表 6 - 38 和表 6 - 39 所示。其中，模型 1 以控制变量为自变量，模型 2 以动态能力和环境动态性为自变量，财务绩效为因变量建立多元回归模型；模型 3 是以自变量和调节变量的交互项动态能力 * 环境动态性自变量，财务绩效为因变量建立多元回归模型。模型 2 自变量动态能力对财务绩效有显著的正向影响作用（$\beta = 0.506$，$t = 11.142$，$p = 0.000 < 0.05$）；模型 3 中自变量与调节变量的交互项的回归系数为 - 0.060（$t = - 1.458$，$p = 0.146 > 0.05$），说明交互项对财务绩效没有显著的影响，且模型 2

的 R^2 是 0.281，模型 3 的 R^2 是 0.284，没有太大变化。故证明调节变量环境动态性在动态能力与财务绩效之间的调节效应不成立，故假设 H5a 不成立。

表 6 – 38　　　　　环境动态性调节作用回归统计量摘要（一）（N = 445）

模型	R	R^2	调整后 R^2	标准估计的误差	更改统计量					F	Sig.	D – W
					ΔR^2	ΔF	df1	df2	Sig. ΔF			
1	0.194	0.038	0.020	1.07080	0.038	2.131	8	436	0.032	2.131	0.032	
2	0.530	0.281	0.264	0.92778	0.243	73.390	2	434	0.000	16.948	0.000	
3	0.533	0.284	0.266	0.92658	0.004	2.125	1	433	0.146	15.641	0.000	2.065

表 6 – 39　　　　　环境动态性调节作用回归系数（一）（N = 445）

模型		非标准化系数		标准系数	t	Sig.	共线性统计量	
		B	标准误差	β			容差	VIF
1	（常量）	– 0.209	0.495		– 0.422	0.673		
	企业年限	– 0.100	0.064	– 0.097	– 1.561	0.119	0.567	1.765
	企业行业	– 0.001	0.023	– 0.001	– 0.026	0.979	0.944	1.059
	企业性质	– 0.124	0.071	– 0.083	– 1.745	0.082	0.972	1.029
	企业规模	0.121	0.056	0.120	2.180	0.030	0.734	1.362
2	动态能力	0.768	0.069	0.506	11.142	0.000	0.803	1.246
	环境动态性	– 0.007	0.066	– 0.005	– 0.109	0.913	0.824	1.213
3	动态能力	0.766	0.069	0.505	11.131	0.000	0.803	1.246
	环境动态性	– 0.015	0.066	– 0.010	– 0.221	0.825	0.819	1.221
	动态能力 * 环境动态性	– 0.115	0.079	– 0.060	– 1.458	0.146	0.969	1.032

注：在处理调节效应之前，潜变量均已经过中心化处理。

（2）环境动态性在动态能力与市场绩效之间的调节效应检验

如表 6 – 40 和表 6 – 41 所示，模型 1 以控制变量为自变量，模型 2

以动态能力和环境动态性为自变量，市场绩效为因变量建立多元回归模型；模型3是以自变量和调节变量的交互项动态能力＊环境动态性自变量，市场绩效为因变量建立多元回归模型。模型2中自变量动态能力对市场绩效有显著的正向影响作用（$\beta = 0.603$，$t = 14.695$，$p = 0.000 < 0.05$）；模型3中自变量与调节变量的交互项的回归系数为 -0.081（$t = -2.164$，$p = 0.031 < 0.05$），说明交互项对市场绩效有显著的负向影响，且模型2的 R^2 是0.408，模型3的 R^2 是0.414，有显著提高，说明模型解释度提高。故证明调节变量环境动态性在动态能力与市场绩效之间存在显著的负向调节效应（如图6－2所示）。

表6－40　　　　环境动态性调节作用回归统计量摘要（二）（N＝445）

模型	R	R^2	调整后 R^2	标准估计的误差	更改统计量					F	Sig.	D－W
					ΔR^2	ΔF	df1	df2	Sig. ΔF			
1	0.191	0.036	0.019	0.95123	0.036	2.061	8	436	0.038	2.061	0.038	
2	0.638	0.408	0.394	0.74754	0.371	135.988	2	434	0.000	29.867	0.000	
3	0.643	0.414	0.399	0.74439	0.006	4.684	1	433	0.031	27.808	0.000	1.925

表6－41　　　　环境动态性调节作用回归系数（二）（N＝445）

模型		非标准化系数		标准系数	t	Sig.	共线性统计量	
		B	标准误差	β			容差	VIF
1	（常量）	0.099	0.440		0.224	0.823		
	企业年限	－0.090	0.057	－0.099	－1.590	0.113	0.567	1.765
	企业行业	－0.018	0.021	－0.043	－0.885	0.377	0.944	1.059
	企业性质	－0.087	0.063	－0.066	－1.380	0.168	0.972	1.029
	企业规模	0.107	0.049	0.118	2.158	0.031	0.734	1.362
2	动态能力	0.814	0.056	0.605	14.671	0.000	0.803	1.246
	环境动态性	0.054	0.053	0.041	1.018	0.309	0.824	1.213
	动态能力	0.812	0.055	0.603	14.695	0.000	0.803	1.246

模型		非标准化系数		标准系数	t	Sig.	共线性统计量	
		B	标准误差	β			容差	VIF
3	环境动态性	0.045	0.053	0.035	0.851	0.395	0.819	1.221
	动态能力 * 环境动态性	-0.138	0.064	-0.081	-2.164	0.031	0.969	1.032

注：在处理调节效应之前，潜变量均已经过中心化处理。

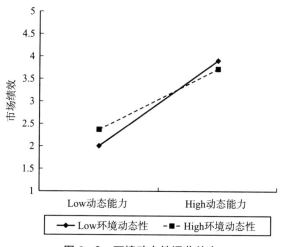

图 6-2   环境动态性调节效应

图 6-2 表明，当环境动态性较高时，动态能力的斜率较小，市场绩效受到的影响也较小，当环境动态性较低时，动态能力的斜率较大，市场绩效受到的影响也较大。故证明环境动态性在动态能力和市场绩效之间存在显著的负向调节作用，与假设 H5b 预想的调节方向相反，所以假设 H5b 不成立。

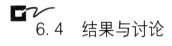

6.4 结果与讨论

6.4.1 假设检验总结

本书假设了商业模式各关键属性与企业绩效的关系，同时考虑动态能力在两者关系中的中介作用和环境动态性对动态能力和企业绩效关系的影响，在此基础上展开相关分析并验证了研究假设。具体研究假设验证结果如表6-42所示。

表6-42　　　　　　　　　研究假设结果汇总

编号	假设内容	检验结果
第一组假设　商业模式属性对企业绩效有显著的正向影响		
H1a	新颖性对财务绩效有显著的正向影响	通过
H1b	效率对财务绩效有显著的正向影响	通过
H1c	价值共创性对财务绩效有显著的正向影响	通过
H1d	可扩张性对财务绩效有显著的正向影响	通过
H1e	可持续性对财务绩效有显著的正向影响	未通过
H1f	新颖性对市场绩效有显著的正向影响	通过
H1g	效率对市场绩效有显著的正向影响	通过
H1h	价值共创性对市场绩效有显著的正向影响	通过
H1i	可扩张性对市场绩效有显著的正向影响	通过
H1j	可持续性对市场绩效有显著的正向影响	通过
第二组假设　商业模式属性对动态能力有显著的正向影响		
H2a	新颖性对动态能力有显著的正向影响	通过
H2b	效率对动态能力有显著的正向影响	通过
H2c	价值共创性对动态能力有显著的正向影响	通过

续表

编号	假设内容	检验结果
第二组假设　商业模式属性对动态能力有显著的正向影响		
H2d	可扩张性对动态能力有显著的正向影响	通过
H2e	可持续性对动态能力有显著的正向影响	通过
第三组假设　动态能力对企业绩效有显著的正向影响		
H3a	动态能力对财务绩效有显著的正向影响	通过
H3b	动态能力对市场绩效有显著的正向影响	通过
第四组假设　动态能力在商业模式属性与企业绩效关系中起中介作用		
H4a	动态能力在新颖性与财务绩效关系中起中介作用	通过
H4b	动态能力在效率与财务绩效关系中起中介作用	通过
H4c	动态能力在价值共创性与财务绩效关系中起中介作用	通过
H4d	动态能力在可扩张性与财务绩效关系中起中介作用	通过
H4e	动态能力在可持续性与财务绩效关系中起中介作用	通过
H4f	动态能力在新颖性与市场绩效关系中起中介作用	通过
H4g	动态能力在效率与市场绩效关系中起中介作用	通过
H4h	动态能力在价值共创性与市场绩效关系中起中介作用	通过
H4i	动态能力在可扩张性与市场绩效关系中起中介作用	通过
H4j	动态能力在可持续性与市场绩效关系中起中介作用	通过
第五组假设　环境动态性对动态能力和企业绩效之间的关系起积极的调节作用		
H5a	环境动态性对动态能力和财务绩效之间起正向调节作用	未通过
H5b	环境动态性对动态能力和市场绩效之间起正向调节作用	未通过

6.4.2　结果分析

（1）商业模式属性对企业绩效影响的结果分析

本书将商业模式作为自变量，划分为新颖性、效率、价值共创性、可扩张性、可持续性五个属性，将企业绩效作为因变量，划分为财务绩效和市场绩效两个维度。通过 SPSS 23.0 软件对商业模式各属性与企业绩效各维度关系进行检验。实证结果显示：

①新颖性（β = 0.201，p < 0.001）、价值共创性（β = 0.178，p < 0.001）、可扩张性（β = 0.166，p < 0.001）、效率（β = 0.093，p < 0.05）对财务绩效有显著的正向影响；从回归系数来看，新颖性对财务绩效的影响最大，说明新颖的价值主张、新颖的交易方式可以吸引更多的顾客，而价值共创性、可扩张性和效率也在不同程度上影响着企业绩效。说明价值共创性可以使企业通过与其他伙伴企业共同创造价值的方式，能够给企业带来超出企业自身资源和能力范围的额外收入，从而提升了财务绩效；可扩张性带来的影响则可以通过商业模式的复制和业务的扩张实现了多维增值；由于规模经济、交易成本降低、交易效率提高的商业模式也能够一定程度地正向影响财务绩效。另外，研究结果显示，可持续性（β = 0.075，p > 0.05）对企业的财务绩效没有显著的影响，与研究假设不符，但是从另一方说明了商业模式的实施效果可能具有一定的滞后性。巴尔博尼（Balboni，2019）的研究也有相似的结论，可持续性对财务绩效没有显著影响的一种可能的解释是，商业模式的可持续性所造成的影响具体是在什么时候被衡量的。所以，由于商业模式效应的滞后性，可持续性所带来的绩效提升优势不会显示在短期的财务绩效中。克里斯滕森等（Christensen et al.，2016）也曾指出，在企业开始创建组织惯例的时候，其收入模式和成本结构尚未明确界定，因此构建的可持续性特质不足以充分发挥商业模式的潜力，只有企业的竞争优势累积到一定程度时，企业的财务绩效才能得到明显的提升。因此，不同的商业模式属性会导致不同的企业绩效，企业可以根据自身的具体情况和发展目标对商业模式的属性构建有所侧重，发挥商业模式不同属性的优势。

②新颖性（β = 0.110，p < 0.001）、效率（β = 0.231，p < 0.001）价值共创性（β = 0.160，p < 0.001）、可扩张性（β = 0.120，p < 0.01）和可持续性（β = 0.338，p < 0.001）分别正向显著影响市场绩效；从回归系数来看，商业模式的可持续性影响最大，说明企业如果重视从可

持续的角度构建商业模式，那么从长远角度来看，可以提升企业的市场绩效。其次，商业模式的效率属性能够使企业整体的经营过程更有效，提升了企业的竞争潜力和带来了持续的竞争优势，进而提升市场绩效；而价值共创性可以帮助企业建立稳定的价值网络关系，企业与顾客、其他合作伙伴关系稳定；可扩张性的构建和实施则帮助企业拓展市场，提高市场份额；商业模式的新颖性则可以从不断地为顾客提供新颖的产品和服务、提升顾客的满意度方面帮助企业提升市场绩效。本书的结论支持了佐特和阿米（Zott & Amit，2007）、张晓玲等（2017）、博克恩和杰拉德（Bocken & Geradts，2020）关于商业模式属性对企业绩效有显著的正向影响的观点。此外，本书进一步发现，商业模式不同属性对企业绩效的不同维度的影响效果存在差异。

（2）动态能力中介作用的结果分析

首先，实证的研究结果表明，商业模式的新颖性（$\beta = 0.179$，$p < 0.001$）、效率（$\beta = 0.139$，$p < 0.001$）、价值共创性（$\beta = 0.274$，$p < 0.001$）、可扩张性（$\beta = 0.160$，$p < 0.001$）、可持续性（$\beta = 0.265$，$p < 0.001$）对动态能力都呈现显著的正相关，说明商业模式关键属性的构建能够促进动态能力的提升。这是因为，商业模式设计、实施和创新过程中各种经验积累及知识学习恰好可以帮助企业提升环境感知能力、学习能力、整合能力和重构能力。另外，从回归系数来看，价值共创性的回归系数最大，然后依次是可持续性、新颖性、可扩张性、效率，说明不同的商业模式属性对动态能力的影响是不同的，可能是因为不同的商业模式属性所积累和已构建的能力不同，因此对提升动态能力的促进作用也不尽相同。

其次，动态能力对企业绩效的财务绩效和市场绩效两个维度也呈现显著的正相关关系。一方面，动态能力（$\beta = 0.507$，$p < 0.001$）显著地影响财务绩效，说明企业如果越能及时地感知外部环境的变化，并快速进行知识的学习和经营的积累，整合或重构资源能力，那么企业越能获得较高的经济效益，提升财务绩效；另一方面，动态能力（$\beta = $

0.628，p＜0.001）显著地影响市场绩效，说明动态能力的提升能够给企业带来持久的竞争优势，动态能力越高，企业长期发展的市场表现就会越好，市场绩效就会越高。

最后，运用 Bootstrap 方法并借助 SPSS 插件 PROCESS 3.4 软件对动态能力的中介作用检验，结果表明在 95% 的置信区间，动态能力在新颖性、价值共创性和可扩张性对财务绩效的影响中都存在中介效应，其中，动态能力在效率、价值共创性和可持续性与财务绩效关系中起完全中介作用，动态能力在新颖性和可扩张性与财务绩效关系中起部分中介作用，中介效应占比分别是 30.97%（0.083/0.268）和 33.12%（0.06/0.181）；动态能力在新颖性、效率、价值共创性、可扩张性、可持续性对市场绩效的影响中都存在中介效应，其中，动态能力在新颖性、价值共创性和可扩张性与市场绩效之间起完全中介作用，动态能力在效率与可持续性与市场绩效之间起部分中介作用，中介效应占比分别是 22.53%（0.048/0.212）和 29.28%（0.094/0.321）。中介效应的检验结果说明了动态能力在商业模式和企业绩效关系中发挥了中介作用，与研究假设相符。说明商业模式可以通过动态能力作用于企业绩效，动态能力在商业模式和企业绩效之间起中介作用，本书的结论与蒂斯（Teece，2018）、杨雪等（2019）的研究结论相同。

（3）环境动态性调节作用的结果分析

实证数据结果表明，环境动态性在动态能与财务绩效的关系中不具有调节效应，在动态能力与市场绩效关系中起负向的调节作用。对于环境动态性对动态能力和财务绩效的调节作用不显著，说明了动态能力对财务绩效的影响具有一定的刚性，即它们之间的影响关系和强度不会受到外部环境变化的影响。目前，国内外已有的实证研究结果也得出过相似的结论，奥克泰吉尔等（Oktemgil et al.，1997）认为环境不确定性对动态能力和企业绩效关系调节作用并不明显；李大元等（2009）认为动态能力与企业绩效的关系不受环境不确定性水平的影响。

对于环境动态性负向调节动态能力和市场绩效，与之前的研究假设不符。较为合理的解释是，在相对稳定的外部环境中，市场环境、技术环境和竞争程度相对比较平稳，企业如果能够"居安思危"，对环境中潜在的机会和威胁能够敏锐地识别，并利用快速的学习能力在众多竞争者中率先开辟出新的市场或研发出满足顾客新的或潜在需求的新产品和服务，创造性突破现有的市场格局，那么则可以帮助企业建立可持续的竞争优势，为提升企业长期的市场绩效作出贡献。相反，在高度动态的环境中，环境的剧烈变化会降低甚至完全抵消企业现有的能力和资源的价值，如果这时企业盲目追求动态能力的构建和原有能力的提升，可能会使企业不堪重负，无法长足发展，反而会影响市场绩效的提升。类似地，艾森哈特和马丁（Eisenhardt & Martin，2000）也得出过环境动态性不会正向调节动态能力和企业绩效的结论；席尔克（Schilke，2014）特别指出，在高速动态环境中，由于动态能力有着路径依赖、匹配问题和惯性问题等原因，使得动态能力难以发挥作用，因此会出现环境动态性负向调节的效应。

6.5 本章小结

本书通过对正式调查问卷回收的 445 份有效样本展开细致分析，主要采用回归分析对前文架设起的理论模型及阐述的研究假设进行检验。首先，进行样本的信效和效度检验；其次，运用回归分析对研究假设进行检验；最后，根据实证研究的结果进行了进一步的分析和讨论。

第 7 章

结论与展望

本章根据前文的理论分析和实证结果，总结了本书的主要研究结论，在此基础上提炼了本书的贡献和管理启示，同时也指出了本书的研究局限和未来研究方向。

7.1 研究结论

本书紧紧围绕商业模式对企业绩效的影响关系展开研究，重点探讨了成功的商业模式有哪些共同的关键属性、商业模式的关键属性是否可以帮助企业提升绩效以及商业模式在影响企业绩效时还受哪些其他因素的影响？根据文献梳理和理论推演，假设并验证了商业模式与企业绩效之间的关系，还考察了动态能力在两者之间的中介作用和环境动态性对动态能力与企业绩效关系的调节作用。主要得到如下研究结论：

第一，针对现有研究中学者们对商业模式的概念和内涵的表述不尽相同，相关术语界限不清、交叉含糊等问题，本书通过文献梳理和理论分析，界定了商业模式的定义、构成维度和结构模型，深化了对商业模式本质和内涵的认识。本书认为商业模式是企业以顾客价值主张为出发点，通过一系列价值活动和价值传递为顾客、企业和价值网络伙伴创造价值并从中获取价值的商业逻辑。根据定义，可以将商业模式的构成概括为价值主张、价值创造、价值传递和价值获取四个维度，具体包含的内容有产品或服务、重要合作、资源和能力、关键业务、目标客户、客户关系、渠道通路、成本结构和收入来源。

第二，本书开展了概念化并量化商业模式关键属性的工作，从属性动因层面探究了商业模式是如何实现提升企业绩效的作用机理。通过对管理实践者的问卷调查，归纳并识别了优秀商业模式的关键属性，参考已有商业模式属性测量量表并根据新的情境对商业模式测量量表进行了再开发，通过对可靠性和有效性进行验证，显示该量表具有较好的信度和效度。通过大样本调研对商业模式不同属性与企业绩效关系的进行实证研究，结果表明商业模式的不同属性对企业绩效有不同的影响。具体而言，除可持续性外，新颖性、效率、价值共创和可扩张性对企业的财务绩效有显著的影响，其中新颖性对财务绩效的影响更为显著；新颖性、效率、价值共创、可扩张性和可持续性均对企业市场价值绩效有显著影响，其中可持续性对市场绩效的影响更为显著。

第三，根据商业模式的冰山理论，本书将能够被管理者所感知的商业模式关键属性视为显性知识，将动态能力视为商业模式实施过程中的隐性知识，通过构建理论模型和提出研究假设来探讨商业模式与企业绩效的关系，一定程度上拓宽了商业模式冰山理论的理论边界。因为动态能力能够在变化的环境中通过帮助企业不断的感知环境、学习新的知识、不断调整、深化和重构，使设置的商业模式的关键属性能够发挥效应从而帮助企业获得较高的绩效。同时，在动态能力构建和提升的同时要考虑外部环境因素对其的影响。所以本书假设了动态能力在商业模式与企业绩效关系中起中介作用，以及环境动态性对动态能力和企业绩效关系有调节作用。实证结果证实了动态能力在商业模式各属性和企业绩效之间起中介作用，以及环境动态性负向调节动态能力和市场绩效，但是对动态能力和财务绩效不起调节作用。

7.2 管理启示

本书得出的结论可以帮助管理者对商业模式构建和实施、企业绩效的提升和企业动态能力的培育等方面具有一定的参考意义和指导作用。具体如下：

第一，构建商业模式关键属性，创造企业卓越价值。首先，可以从构建某个商业模式的关键属性入手，提高企业竞争力，帮助企业在动荡的环境中生存。当今社会企业的淘汰率很高，很多企业即便取得了创业的成功，依然会在几年后面临困境甚至倒闭，缺乏对商业模式价值创造本质属性的认识是造成这种情况的重要原因。通过精准定位企业的战略目标，借助商业模式关键属性的构建，例如为顾客提供新颖的产品/服务或者便捷高效的购物体验来提升企业的核心竞争力，可以迅速提升企业绩效。其次，位于企业边界之外的利益相关者可能会成为商业模式属性构建的重要参与者，通过设计或创建焦点企业与其他伙伴之间的交易结构，企业可以根据对交易结构的控制力和自身所拥有的资源和能力，划分各个企业的价值边界，在价值分配过程中实现企业与利益相关者的"共赢"，并且通过已有成功商业模式的复制和扩张，做大价值创造总价值的"蛋糕"。共同的利益可以帮助企业维持与各利益相关者之间的稳定关系，使商业模式具有可持续性，企业的绩效也能保持在较高水平。最后，可以适当考虑商业模式关键属性的构建优先次序。根据本书的研究结论，为了更好地促进商业模式价值创造有效性的发挥，对于急于提升财务绩效的企业，在配置资源的时候可以优先考虑构建具有新颖性商业模式，利用新的交易方式或新的交易内容快速吸引大量的顾客，从而提升经济收益；而对于一些注重企业长期发展和市场地位的企业，通过企业的各种资源能力的合理分配和布局，构建一个具有可持续性商业模式达到市场绩效提升的目标。

第二，加强商业模式各种要素有机联系，帮助企业规避经营风险快速成长。管理者可以使用本书提出的商业模式结构模型来思考其业务流程管理的不同组成部分之间的系统性交互作用，以及它们产生的因果顺序。另外，管理者可以在商业模式核心要素之间创建一个紧密耦合的系统，以获得良好的性能。当商业模式的核心组成部分永久性地相互作用时，这使得企业能够充分发挥其潜力并提高利润。例如，当资源被很好地整合到组织系统中时，它们的潜在能力在提出现有的价值主张时得到充分利用，而组织系统则完全致力于产生这些价值主张。这种强耦合可以在核心要素之间（例如，价值主张本身可能成为生成其他产品和服务的新资源）和每个核心要素内部（例如，通过价值主张之间的协同作用）产生积极的反馈。归根结底，正是这些核心组成部分之间的相互作用创造和提升了企业绩效，甚至有助于启动或维持现有价值创造的良性循环。另外，鉴于商业模式处于一个永久的演化状态，涉及一个关键问题就是管理者维持或改善其绩效的能力。因为商业模式刚性存在，企业的商业模式一旦建立不易改变，频繁的商业模式创新不利于组织的稳定性。所以，当环境条件发生变化，或者新出现的变化促使要素之间或要素内部出现恶性循环时，紧密耦合的系统可能难以维护。在这种情况下，渐进式地修改或改变一些商业模式属性或要素可能不足以改变其性能。因此，在商业模式演进的情况下，可持续的绩效取决于管理者识别一个要素的变化对其他要素和整个商业模式性能的影响的能力。然后，管理者必须引入有意的变革，以创造或促进变革，或减少或抵消其影响，以保持或提高绩效。

第三，提升企业核心能力，应对动荡市场环境。随着经济技术的日新月异，企业的生存环境发生了巨大变化，环境动态性不断增强，企业需要在复杂、动态的环境中寻求新的机会。动态能力能够引导企业及时感知顾客需求的变化和技术的更新，整合或重构自身的资源和能力，抓住市场机会，实现企业绩效的提升。本书发现动态能力在商业模式各个关键属性和企业绩效之间起着中介作用，商业模式可以通过动态能力间接作用于企业绩效，从而进一步促进企业绩效提升。因此动态能力的培养和提升对企业绩效来说也非常重要。企业可以通过建立感知环境变化、洞察变革趋势的长期机制来提升企业整体的感知能力和学习能力；可以去除组织繁杂、冗余的组织架构，通过扁平化管理来提高决策速度和行动质量，进而提升整合能力和重构能力。另外，企业在努力提升动态能力的同时也需要时刻关注自身的动态能力与环境动态性的匹配程度。要注意避免因盲目的提升动态能力而跌入"能力陷阱"，这样不仅会浪费企业现有的资源，还会侵蚀企业绩效。本书建议在动态性较低的环境中经营的企业应该比在动态性高的环境中经营的企业更多地投资于动态能力的改进和提升，从而可以提升企业的市场绩效；而根据动态能力与财务绩效之间的刚性关系，企业可以在任何环境条件下通过提升动态能力促进企业商业模式效用的发挥，全方位地提升企业的财务绩效。

7.3　研究局限与未来展望

7.3.1　研究局限

虽然本书在研究过程中严格遵守管理学实证研究的一般范式以及学术研究的科学性和规范性，但是由于商业模式理论体系尚未成熟，以及受到研究水平的限制，本书还存在如下研究局限：

首先，本书所考虑和验证的能提升企业绩效的商业模式关键属性并不详尽。还有许多其他商业模式属性也是能够给企业带来竞争优势和优秀绩效，如商业模式的锁定性、互补性、难模仿性等。基于调查方法和数据的限制，本书未对所有的商业模式属性进行讨论和验证。另外，本书在论证时，重点考察了单一商业模式属性与企业绩效的关系，没有考虑企业存在多种商业模式的情况，以及商业模式的多样化与企业绩效之间的关系。

其次，研究数据的获取和测量存在不足。第一，本书的数据是从单一的信息提供者那里收集的，这可能导致共同的方法偏差。尽管本书非常小心地处理这种潜在的偏见，采取了一些事前和事后的措施。虽然共同方法偏差似乎不是一个严重的威胁，但不能排除它的存在和可能的影响。第二，研究中使用的数据为同一时间点上的数据，属于截面数据研究，但是商业模式一直处于不断更新和迭代的过程中，需要探索处于不同生命周期阶段的商业模式的不同特点以及对于绩效影响，因此采用纵向的历史数据会更准确些。第三，研究对象最好选择上市公司，原因是上市公司的绩效更客观更可靠，但是若采用二手数据即从上市公司的年报或公开发表信息中还不足以获得该公司商业模式的具体情况，只能通过企业自评的方式获得相关数据。

最后，商业模式与企业绩效关系的中介变量的选取和测量还需要进一步探索和挖掘。企业内部环境作为商业模式实施的隐性知识，是重要的中介变量。目前，文献对企业内部环境的主要构成要素概念的界定和总体定性测量的数量还比较少，大多数文献是针对某一关键构成要素与企业绩效关系的研究。例如，企业核心能力与企业绩效的关系、企业资源与企业绩效的关系，尚未查到企业内部环境作为一个整体与企业绩效关系的文献。本书也是选取对商业模式和企业绩效关系影响较大的企业内部环境要素之一动态能力作为中介变量，考察其对商业模式的实施和企业绩效结果的影响。

7.3.2　未来展望

按照本书的研究思路，希望在未来的研究中，可以从以下几个方面进一步深入探讨。首先，商业模式测量量表的完善。通过更科学、更客观、更准确的方式对商业模式进行测量。本书是基于实践者角度识别的商业模式关键属性，未来研究还可以从不同视角，采用不同方法对商业模式的维度进行识别和测量。其次，可以拓展对商业模式影响因素的研究。例如，未来的研究可以比较可能的前因的有效性，如领导、激励或团队组成，以及从企业内部环境中识别出对商业模式的实施有重要影响因素。另外，基于商业模式本身是一个不断迭代的过程，在后续研究中可以考虑随着时间的推移而进行研究，及对商业模式进行纵向（而非横向）的研究，这样可以更准确地了解在特定的环境下商业模式属性变化的性质和程度。最后，本书未将调研样本根据行业类型和企业年龄等企业特征进行分类，未来研究可以根据不同的企业特征进行更有针对性地细分研究。

附录 1

调 查 问 卷

尊敬的先生/女生：

您好！这是一份关于商业模式与企业绩效关系研究的调查问卷，旨在帮助企业通过对商业模式的设计、实施和创新从而提升绩效水平，保持竞争优势。此问卷实行匿名制，不涉及公司内部机密，调研结果仅用于学术研究，请您放心填写。

非常感谢您的参与！

1. 贵公司名称（可选填）：

2. 贵公司所在地是：____省____市

3. 贵公司成立年限是：

A. 3 年以下   B. 3 ~ 5 年

C. 6 ~ 10 年   D. 11 ~ 15 年

E. 16 年以上

注：从企业成立的年份到 2020 年，按跨年度的时间计算即可。

4. 贵公司的行业领域为：

A. 制造业   B. 信息传输、计算机和软件业

C. 批发和零售业   D. 金融业

E. 教育   F. 其他

5. 贵公司的性质：

A. 国有及国有控股企业　　　B. 民营企业

C. 中外合资企业　　　　　　D. 外商独资企业

6. 贵公司的正式员工数量（人）：

A. 20 以下　　　　　　　　B. 21 ~ 100

C. 101 ~ 300　　　　　　　D. 301 ~ 1000

E. 1000 以上

7. 您的学历为：

A. 专科及以下　　　　　　B. 本科

C. 硕士　　　　　　　　　D. 博士

8. 您的性别是：

A. 男　　　　　　　　　　B. 女

9. 您现在的职位级别：

A. 高层管理者　　　　　　B. 中层管理者

C. 其他

10. 目前您在该企业的工作年限：

A. 1 年以下　　　　　　　B. 1 ~ 3 年

C. 4 ~ 6 年　　　　　　　D. 7 ~ 9 年

E. 10 年以上

注：从开始工作的年份到 2020 年，按跨年度的时间计算即可。

11. 请您结合企业实际情况，列出您认为能够给企业带来价值增值（例如，高绩效表现、较高的市场占有率、潜在的市场增长率等）的商业模式重要特质有哪些？请您尽可能详细填答，并把您认为最重要的特质排在最前面。

（关键概念说明：简单地说，商业模式就是企业做生意的方式。商业模式是企业以顾客需求为出发点，通过一系列价值创造和价值传递活动，为企业和利益相关者获取价值的商业逻辑）

（1）

（2）

（3）

（4）

（5）

商业模式与企业绩效关系研究
调查问卷（预测试）

尊敬的先生/女生：

您好！这是一份关于商业模式与企业绩效关系研究的调查问卷，旨在帮助企业通过对商业模式的设计、实施和创新从而提升绩效水平，保持竞争优势。此问卷实行匿名制，不涉及公司内部机密，调研结果仅用于学术研究，请您放心填写。

非常感谢您的参与！

第一部分　背景信息

1. 贵公司名称（可选填）：

2. 贵公司所在地是：____省____市

3. 贵公司成立年限是：

A. 3 年以下　　　　　　　　　B. 3~5 年

C. 6~10 年　　　　　　　　　D. 11~15 年

E. 16 年以上

注：从企业成立的年份到 2020 年，按跨年度的时间计算即可。

4. 贵公司的行业领域为：

A. 制造业　　　　　　　　　　B. 信息传输、计算机和软件业

C. 批发和零售业   D. 金融业

E. 教育   F. 其他

5. 贵公司的性质：

A. 国有及国有控股企业   B. 民营企业

C. 中外合资企业   D. 外商独资企业

6. 贵公司的正式员工数量（人）：

A. 20 以下   B. 21～100

C. 101～300   D. 301～1000

E. 1000 以上

7. 您的学历为：

A. 专科及以下   B. 本科

C. 硕士   D. 博士

8. 您的性别是：

A. 男   B. 女

9. 您现在的职位级别：

A. 高层管理者   B. 中层管理者

C. 其他

10. 目前您在该企业的工作年限：

A. 1 年以下   B. 1～3 年

C. 4～6 年   D. 7～9 年

E. 10 年以上

注：从开始工作的年份到 2020 年，按跨年度的时间计算即可。

第二部分　商业模式

关键概念说明：简单地说，商业模式就是企业做生意的方式。商业模式是企业以顾客需求为出发点，通过一系列价值创造和价值传递活动，为企业和利益相关者获取价值的商业逻辑。

题项说明：问卷题项均为单选题，没有对错之分，请根据贵公司的实际情况进行评价（"1"表示完全不同意，"2"表示不同意，"3"表示有点不同意，"4"表示不一定，"5"表示有点同意，"6"表示同意，"7"表示完全同意），请在相应的框内做标记。

请评价，您认为以下关于商业模式方面的描述与贵企业的实际情况是否一致	完全不同意	不同意	有点不同意	不一定	有点同意	同意	完全同意
A1：企业的商业模式以新的方式提供了产品、服务和信息的组合	1	2	3	4	5	6	7
A2：企业的商业模式引入较多全新的、多样化的合作伙伴	1	2	3	4	5	6	7
A3：企业的商业模式采用了新的交易方式	1	2	3	4	5	6	7
A4：企业的商业模式创造了新的盈利方式	1	2	3	4	5	6	7
A5：企业的商业模式引入新的运作流程、惯例和规范	1	2	3	4	5	6	7
A6：企业的商业模式降低了产品或服务的价格	1	2	3	4	5	6	7
A7：企业的商业模式简化了交易流程	1	2	3	4	5	6	7
A8：企业的商业模式降低了营销、交易费用及沟通成本	1	2	3	4	5	6	7
A9：企业的商业模式加快了交易的速度	1	2	3	4	5	6	7
A10：企业的商业模式大大提高了交易效率	1	2	3	4	5	6	7
A11：企业的商业模式能够使企业与合作伙伴形成良好的合作关系，互惠互利	1	2	3	4	5	6	7
A12：企业商业模式中合作伙伴能合理分享资源与利益	1	2	3	4	5	6	7
A13：随着业务规模扩大，本企业商业模式会吸引更多的参与者（用户、供应商、其他利益相关者）	1	2	3	4	5	6	7
A14：企业商业模式能够动态调整（如交易方式、合作伙伴等）以满足利益相关者的需求	1	2	3	4	5	6	7

续表

请评价，您认为以下关于商业模式方面的描述与贵企业的实际情况是否一致	完全不同意	不同意	有点不同意	不一定	有点同意	同意	完全同意
A15：企业的商业模式很容易应用到其他业务	1	2	3	4	5	6	7
A16：企业的商业模式很容易扩展到其他省市或国家	1	2	3	4	5	6	7
A17：企业的商业模式在企业内部很容易复制，能帮助企业实现多维增值	1	2	3	4	5	6	7
A18：企业商业模式中的客户关系、合作关系及关键流程形成了良性循环，企业能够持续盈利	1	2	3	4	5	6	7
A19：企业与利益相关者之间达成了明确的利益共享方式	1	2	3	4	5	6	7
A20：企业的商业模式能够使企业获得稳定的长期收益	1	2	3	4	5	6	7

第三部分　动态能力

请评价，您认为以下描述与贵企业的实际情况是否一致	完全不同意	不同意	有点不同意	不一定	有点同意	同意	完全同意
B1：企业经常审视企业外部环境的变化，以发现新的商机	1	2	3	4	5	6	7
B2：企业定期审查企业内部环境变化对顾客可能产生的影响	1	2	3	4	5	6	7
B3：企业经常审查产品开发工作，以确保它们符合顾客的需求	1	2	3	4	5	6	7
B4：企业投入了大量的时间来实施新产品的研发和改进现有产品	1	2	3	4	5	6	7

请评价，您认为以下描述与贵企业的实际情况是否一致	完全不同意	不同意	有点不同意	不一定	有点同意	同意	完全同意
B5：企业能够有效地识别、评估和应用新的信息和知识	1	2	3	4	5	6	7
B6：企业用多种方式吸收新的信息和知识	1	2	3	4	5	6	7
B7：企业能够有效地将现有信息转化为新知识或技术	1	2	3	4	5	6	7
B8：企业能有效地将知识或技术运用到新产品中	1	2	3	4	5	6	7
B9：企业对可能影响产品开发的新知识或技术非常重视，对新知识或技术的研发也非常有效	1	2	3	4	5	6	7
B10：企业能不断完善其自身资源和能力	1	2	3	4	5	6	7
B11：企业能通过整合资源来提升工作效率	1	2	3	4	5	6	7
B12：企业对资源的开发和拓展很满意	1	2	3	4	5	6	7
B13：企业能够利用资源完成跨部门之间的任务	1	2	3	4	5	6	7
B14：企业能够对现有的产品或服务进行再设计	1	2	3	4	5	6	7
B15：企业能够对现有的工作流程和制度进行再设计	1	2	3	4	5	6	7
B16：企业能够调整内外关系网络和网络沟通方式	1	2	3	4	5	6	7

第四部分　环境动态性

请评价，您认为以下关于企业所处环境的描述与贵企业的实际情况是否一致	完全不同意	不同意	有点不同意	不一定	有点同意	同意	完全同意
C1：顾客的需求变化速度较快并且日趋多样化和个性化	1	2	3	4	5	6	7

续表

请评价，您认为以下关于企业所处环境的描述与贵企业的实际情况是否一致	完全不同意	不同意	有点不同意	不一定	有点同意	同意	完全同意
C2：顾客对产品或服务的偏好变化速度较快	1	2	3	4	5	6	7
C3：顾客总是趋向于寻求新的产品或服务	1	2	3	4	5	6	7
C4：用新技术制造的产品或服务对顾客更具有吸引力	1	2	3	4	5	6	7
C5：市场上企业现有产品或服务的价格竞争程度较大	1	2	3	4	5	6	7
C6：市场上企业现有产品或服务的销售竞争强度较大	1	2	3	4	5	6	7

第五部分　企业绩效

请评价，与主要竞争对手相比，关于近三年企业绩效的描述与贵企业的实际情况是否一致	完全不同意	不同意	有点不同意	不一定	有点同意	同意	完全同意
D1：与主要的竞争对手比较，本企业近三年的销售增长率较高	1	2	3	4	5	6	7
D2：与主要的竞争对手比较，本企业近三年的利润增长较快	1	2	3	4	5	6	7
D3：与主要的竞争对手比较，本企业近三年的投资回报率较高	1	2	3	4	5	6	7
D4：与主要的竞争对手比较，本企业近三年的总收入较高	1	2	3	4	5	6	7
D5：与主要的竞争对手比较，本企业近三年的市场占有率较高	1	2	3	4	5	6	7
D6：与主要的竞争对手比较，本企业近三年对市场的拓展效果较好	1	2	3	4	5	6	7

请评价，与主要竞争对手相比，关于近三年企业绩效的描述与贵企业的实际情况是否一致	完全不同意	不同意	有点不同意	不一定	有点同意	同意	完全同意
D7：与主要的竞争对手比较，本企业近三年顾客的满意度较高	1	2	3	4	5	6	7
D8：与主要的竞争对手比较，本企业近三年提供的新产品和新服务较多	1	2	3	4	5	6	7

您的回复对本书十分宝贵，再次感谢您的帮助！

附录 3

商业模式与企业绩效关系研究
调查问卷（正式问卷）

尊敬的先生/女生：

您好！这是一份关于商业模式与企业绩效关系研究的调查问卷，旨在帮助企业通过对商业模式的设计、实施和创新从而提升绩效水平，保持竞争优势。此问卷实行匿名制，不涉及公司内部机密，调研结果仅用于学术研究，请您放心填写。

非常感谢您的参与！

第一部分　背景信息

1. 贵公司名称（可选填）：

2. 贵公司所在地是：＿＿省＿＿市

3. 贵公司成立年限是：

A. 3 年以下　　　　　　　　B. 3 ~ 5 年

C. 6 ~ 10 年　　　　　　　　D. 11 ~ 15 年

E. 16 年以上

注：从企业成立的年份到 2020 年，按跨年度的时间计算即可。

4. 贵公司的行业领域为：

A. 制造业　　　　　　　　　B. 信息传输、计算机和软件业

C. 批发和零售业　　　　　D. 金融业

E. 教育　　　　　　　　　F. 其他

5. 贵公司的性质：

A. 国有及国有控股企业　　B. 民营企业

C. 中外合资企业　　　　　D. 外商独资企业

6. 贵公司的正式员工数量（人）：

A. 20 以下　　　　　　　 B. 21～100

C. 101～300　　　　　　　D. 301～1000

E. 1000 以上

7. 您的学历为：

A. 专科及以下　　　　　　B. 本科

C. 硕士　　　　　　　　　D. 博士

8. 您的性别是：

A. 男　　　　　　　　　　B. 女

9. 您现在的职位级别：

A. 高层管理者　　　　　　B. 中层管理者

C. 其他

10. 目前您在该企业的工作年限：

A. 1 年以下　　　　　　　B. 1～3 年

C. 4～6 年　　　　　　　 D. 7～9 年

E. 10 年以上

注：从开始工作的年份到 2020 年，按跨年度的时间计算即可。

第二部分　商业模式

关键概念说明：简单地说，商业模式就是企业做生意的方式。商业模式是企业以顾客需求为出发点，通过一系列价值创造和价值传递活动，为企业和利益相关者获取价值的商业逻辑。

题项说明：问卷题项均为单选题，没有对错之分，请根据贵公司的实际情况进行评价（"1"表示完全不同意，"2"表示不同意，"3"表示有点不同意，"4"表示不一定，"5"表示有点同意，"6"表示同意，"7"表示完全同意），请在相应的框内做标记。

请评价，您认为以下关于商业模式方面的描述与贵企业的实际情况是否一致	完全不同意	不同意	有点不同意	不一定	有点同意	同意	完全同意
A1：企业的商业模式以新的方式提供了产品、服务和信息的组合	1	2	3	4	5	6	7
A2：企业的商业模式引入较多全新的、多样化的合作伙伴	1	2	3	4	5	6	7
A3：企业的商业模式创造了新的盈利方式	1	2	3	4	5	6	7
A4：企业的商业模式引入新的运作流程、惯例和规范	1	2	3	4	5	6	7
A5：企业的商业模式简化了交易流程	1	2	3	4	5	6	7
A6：企业的商业模式降低了营销、交易费用及沟通成本	1	2	3	4	5	6	7
A7：企业的商业模式加快了交易的速度	1	2	3	4	5	6	7
A8：企业的商业模式能够使企业与合作伙伴形成良好的合作关系，互惠互利	1	2	3	4	5	6	7
A9：企业商业模式中合作伙伴能合理分享资源与利益	1	2	3	4	5	6	7
A10：随着业务规模扩大，本企业商业模式会吸引更多的参与者（用户、供应商、其他利益相关者）	1	2	3	4	5	6	7
A11：企业商业模式能够动态调整（如交易方式、合作伙伴等）以满足利益相关者的需求	1	2	3	4	5	6	7
A12：企业的商业模式很容易应用到其他业务	1	2	3	4	5	6	7
A13：企业的商业模式很容易扩展到其他省市或国家	1	2	3	4	5	6	7

续表

请评价，您认为以下关于商业模式方面的描述与贵企业的实际情况是否一致	完全不同意	不同意	有点不同意	不一定	有点同意	同意	完全同意
A14：企业的商业模式在企业内部很容易复制，能帮助企业实现多维增值	1	2	3	4	5	6	7
A15：企业与利益相关者间具有长期稳定的合作关系	1	2	3	4	5	6	7
A16：企业商业模式中的客户关系、合作关系及关键流程形成了良性循环，企业能够持续盈利	1	2	3	4	5	6	7
A17：企业的商业模式能够使企业获得稳定的长期收益	1	2	3	4	5	6	7

第三部分　动态能力

请评价，您认为以下描述与贵企业的实际情况是否一致	完全不同意	不同意	有点不同意	不一定	有点同意	同意	完全同意
B1：企业经常审视企业外部环境的变化，以发现新的商机	1	2	3	4	5	6	7
B2：企业定期审查企业内部环境变化对顾客可能产生的影响	1	2	3	4	5	6	7
B3：企业经常审查产品开发工作，以确保它们符合顾客的需求	1	2	3	4	5	6	7
B4：企业投入了大量的时间来实施新产品的研发和改进现有产品	1	2	3	4	5	6	7
B5：企业能够有效地识别、评估和应用新的信息和知识	1	2	3	4	5	6	7
B6：企业用多种方式吸收新的信息和知识	1	2	3	4	5	6	7
B7：企业能够有效地将现有信息转化为新知识或技术	1	2	3	4	5	6	7

请评价，您认为以下描述与贵企业的实际情况是否一致	完全不同意	不同意	有点不同意	不一定	有点同意	同意	完全同意
B8：企业能有效地将知识或技术运用到新产品中	1	2	3	4	5	6	7
B9：企业对可能影响产品开发的新知识或技术非常重视，对新知识或技术的研发也非常有效	1	2	3	4	5	6	7
B10：企业能不断完善其自身资源和能力	1	2	3	4	5	6	7
B11：企业能通过整合资源来提升工作效率	1	2	3	4	5	6	7
B12：企业对资源的开发和拓展很满意	1	2	3	4	5	6	7
B13：企业能够利用资源完成跨部门之间的任务	1	2	3	4	5	6	7
B14：企业能够对现有的产品或服务进行再设计	1	2	3	4	5	6	7
B15：企业能够对现有的工作流程和制度进行再设计	1	2	3	4	5	6	7
B16：企业能够调整内外关系网络和网络沟通方式	1	2	3	4	5	6	7

第四部分　环境动态性

请评价，您认为以下关于企业所处环境的描述与贵企业的实际情况是否一致	完全不同意	不同意	有点不同意	不一定	有点同意	同意	完全同意
C1：顾客的需求变化速度较快并日趋多样化和个性化	1	2	3	4	5	6	7
C2：顾客对产品或服务的偏好变化速度较快	1	2	3	4	5	6	7
C3：顾客总是趋向于寻求新的产品或服务	1	2	3	4	5	6	7
C4：用新技术制造的产品或服务对顾客更具有吸引力	1	2	3	4	5	6	7

续表

请评价，您认为以下关于企业所处环境的描述与贵企业的实际情况是否一致	完全不同意	不同意	有点不同意	不一定	有点同意	同意	完全同意
C5：市场上企业现有产品或服务的价格竞争程度较大	1	2	3	4	5	6	7
C6：市场上企业现有产品或服务的销售竞争强度较大	1	2	3	4	5	6	7

第五部分 企业绩效

请评价，与主要竞争对手相比，关于近三年企业绩效的描述与贵企业的实际情况是否一致	完全不同意	不同意	有点不同意	不一定	有点同意	同意	完全同意
D1：与主要的竞争对手比较，本企业近三年的销售增长率较高	1	2	3	4	5	6	7
D2：与主要的竞争对手比较，本企业近三年的利润增长较快	1	2	3	4	5	6	7
D3：与主要的竞争对手比较，本企业近三年的投资回报率较高	1	2	3	4	5	6	7
D4：与主要的竞争对手比较，本企业近三年的总收入较高	1	2	3	4	5	6	7
D5：与主要的竞争对手比较，本企业近三年的市场占有率较高	1	2	3	4	5	6	7
D6：与主要的竞争对手比较，本企业近三年对市场的拓展效果较好	1	2	3	4	5	6	7
D7：与主要的竞争对手比较，本企业近三年顾客的满意度较高	1	2	3	4	5	6	7
D8：与主要的竞争对手比较，本企业近三年提供的新产品和新服务较多	1	2	3	4	5	6	7

您的回复对本书十分宝贵，再次感谢您的帮助！

参 考 文 献

[1] 白宏，顾晓敏，付永萍. 关于商业模式研究的理论述评 [J]. 知识经济，2012，244（8）：7-9.

[2] 蔡俊亚. 基于外部学习的商业模式创新对企业绩效的影响研究 [M]. 经济管理出版社，2018.

[3] 曹红军，赵剑波，王以华. 动态能力的维度：基于中国企业的实证研究 [J]. 科学学研究，2009，27（1）：36-44.

[4] 曹学进. 基于利益相关者交易结构的商业模式研究 [J]. 合作经济与科技，2020，633（10）：102-103.

[5] 陈琦. 企业电子商务商业模式设计：IT 资源前因与绩效结果 [D]. 杭州：浙江大学，2010.

[6] 陈晓萍，徐淑英，樊景立. 组织与管理研究的实证方法 [M]. 北京：北京大学出版社，2008.

[7] 陈亚光，吴月燕，杨智. 商业模式创新对财务绩效的影响：一个整合模型 [J]. 中国科技论坛，2017（3）：156-162.

[8] 程愚，孙建国，宋文文，等. 商业模式、营运效应与企业绩效——对生产技术创新和经营方法创新有效性的实证研究 [J]. 中国工业经济，2012（7）：83-95.

[9] 丁宁，丁怡. 以基于维度视角的企业商业模式设计的创新模型 [J]. 科技管理研究，2010，30（20）：171-173.

[10] 董保宝，葛宝山，王侃. 资源整合过程、动态能力与竞争优

势：机理与路径 [J]. 管理世界, 2011, 210 (3)：92 – 101.

[11] 冯军政, 魏江. 国外动态能力维度划分及测量研究综述与展望 [J]. 外国经济与管理, 2011, 33 (7)：26 – 33.

[12] 高闯, 关鑫. 企业商业模式创新的实现方式与演进机理：一种基于价值链创新的理论解释 [J]. 中国工业经济, 2006 (11)：83 – 90.

[13] 龚丽敏, 江诗松. 产业集群龙头企业的成长演化：商业模式视角 [J]. 科研管理, 2012, 33 (7)：137 – 145.

[14] 郭海, 沈睿. 如何将创业机会转化为企业绩效——商业模式创新的中介作用及市场环境的调节作用 [J]. 经济理论与经济管理, 2014 (3)：70 – 83.

[15] 胡望斌, 张玉利, 牛芳. 我国新企业创业导向、动态能力与企业成长关系实证研究 [J]. 中国软科学, 2009, 220 (4)：107 – 118.

[16] 江积海, 蔡春花. 开放型商业模式 NICE 属性与价值创造关系的实证研究 [J]. 中国管理科学, 2016, 24 (5)：100 – 110.

[17] 江积海. 国外商业模式创新中价值创造研究的文献述评及展望 [J]. 经济管理, 2014 (8)：187 – 199.

[18] 江积海. 商业模式是"新瓶装旧酒"吗？——学术争议、主导逻辑及理论基础 [J]. 研究与发展管理, 2015, 27 (2)：12 – 24.

[19] 蒋洁, 张启航, 冯俊文, 等. 企业动态能力与商业模式的构建、创新与运行 [J]. 技术经济与管理研究, 2019 (5)：47 – 54.

[20] 焦豪, 崔瑜. 企业动态能力理论整合研究框架与重新定位 [J]. 清华大学学报, 2008 (S2)：46 – 53.

[21] 黎传熙, 祁明德. 现代价值链下"新零售"商业模式的重构——基于"盒马鲜生"的九要素画布 [J]. 企业经济, 2020 (4)：46 – 57.

[22] 李大元, 项保华, 陈应龙. 企业动态能力及其功效：环境不确定性的影响 [J]. 南开管理评论, 2009, 12 (6)：60 – 68.

［23］李鸿磊.基于价值创造视角的商业模式分类研究——以三个典型企业的分类应用为例［J］.管理评论，2018，30（4）：257－272.

［24］李怀祖.管理研究方法（第三版）［M］.西安：西安交通大学出版社，2017.

［25］李炎炜，王翔和孙柳苑.技术创业企业商业模式设计对企业绩效之影响［J］.市场周刊，2013（8）：11－14.

［26］李永发.面向实验创新的商业模式关键属性动态测评研究［D］.南京：东南大学，2015.

［27］林萍.组织动态能力与绩效关系的实证研究：环境动荡性的调节作用［J］.上海大学学报（社会科学版），2009，16（6）：66－77.

［28］林亚清，赵曙明.构建高层管理团队社会网络的人力资源实践、战略柔性与企业绩效——环境不确定性的调节作用［J］.南开管理评论，2013，16（2）：4－15.

［29］刘刚，刘静.动态能力对企业绩效影响的实证研究——基于环境动态性的视角［J］.经济理论与经济管理，2013（3）：83－94.

［30］刘卫星.商业模式对企业绩效影响的实证研究［D］.大连：大连理工大学，2013.

［31］刘雪峰.网络嵌入性与差异化战略及企业绩效关系研究［D］.杭州：浙江大学，2007.

［32］刘正阳，王金鑫，乔晗，等.商业模式对企业绩效的影响研究——基于新能源上市企业数据［J］.管理评论，2019，31（1）：264－273.

［33］罗伯特·F.德威利斯.量表编制：理论与应用［M］.席中恩，杜钰，译.重庆：重庆大学出版社，2016.

［34］罗珉.商业模式的理论框架述评［J］.当代经济管理，2009，31（11）：1－8.

［35］罗珉，曾涛，周思伟.企业商业模式创新：基于租金理论的解释［J］.中国工业经济，2005（7）：73－81.

［36］罗倩，李东，蔡玫．商业模式对高新技术企业业绩的影响——对 Zott 模型的改进研究［J］．科研管理，2012，33（7）：40－47.

［37］罗兴武，杨俊，项国鹏，等．商业模式创新双重属性如何作用创业企业成长：裸心的案例研究［J］．管理评论，2019，31（7）：133－148.

［38］马可·扬西蒂，罗伊·莱温．制定战略：从商业生态系统出发［J］．哈佛商业评论，2004，000（4M）：50－62，127.

［39］乔晗，张靖，郭盛，等．银行外部环境、商业模式与绩效间关系研究——基于国内 16 家上市商业银行的数据［J］．管理评论，2017，29（6）：252－263.

［40］任义忠．基于价值网络视角的报业传媒企业商业模式创新与企业绩效关系研究［D］．济南：山东大学，2020.

［41］孙连才．商业生态系统视角下的企业动态能力与商业模式互动研究［D］．武汉：华中科技大学，2013.

［42］孙连才，王宗军．基于动态能力理论的商业生态系统下企业商业模式指标评价体系［J］．管理世界，2011（5）：154－185.

［43］汪寿阳，敖敬宁，乔晗，等．基于知识管理的商业模式冰山理论［J］．管理评论，2015（6）：3－10.

［44］王波，彭亚利．再造商业模式［J］．IT 经理世界，2002（7）：88－89.

［45］王辉，张文慧，忻榕，等．战略型领导行为与组织经营效果：组织文化的中介作用［J］．管理世界，2011，292（9）：84－95.

［46］王江哲，陈晓菲，刘益．商业模式整合、冲突与企业绩效间关系研究［J］．管理评论，2019，31（7）：225－238.

［47］王玲玲，赵文红，魏泽龙．因果逻辑和效果逻辑对新企业新颖型商业模式设计的影响：环境不确定性的调节作用［J］．管理评论，2019，31（1）：90－100.

［48］王翔，李东，后士香．商业模式结构耦合对企业绩效的影响

的实证研究 [J]. 科研管理, 2015, 36 (7): 97 - 104.

[49] 王翔, 李东, 张晓玲. 商业模式是企业间绩效差异的驱动因素吗? ——基于中国有色金属上市公司的 ANOVA 分析 [J]. 南京社会科学, 2010 (5): 20 - 26.

[50] 王雪冬, 董大海. 国外商业模式表达模式评介与整合表达模型构建 [J]. 外国经济与管理, 2013 (4): 49 - 61.

[51] 魏江, 刘洋, 应瑛. 商业模式内涵与研究框架建构 [J]. 科研管理, 2012, 33 (5): 107 - 1144.

[52] 魏炜, 朱武祥, 林桂平. 基于利益相关者交易结构的商业模式 [J]. 管理世界, 2012 (12): 125 - 131.

[53] 魏炜, 朱武祥, 林桂平. 商业模式的经济解释Ⅱ [M]. 北京: 机械工业出版社, 2014.

[54] 魏想明, 刘思嘉. 价值共创的研究热点与趋势探讨 [J]. 商业经济研究, 2020 (19): 123 - 126.

[55] 魏泽龙, 张琳倩, 魏泽盛, 等. 商业模式设计与企业绩效: 战略柔性的调节作用 [J]. 管理评论, 2019, 31 (11): 171 - 182.

[56] 温强. 企业商业模式变革中的问题及改进 [J]. 经营与管理, 2010 (8): 80 - 82.

[57] 温忠麟, 叶宝娟. 中介效应分析: 方法和模型发展 [J]. 心理科学进展, 2014, 22 (5): 731 - 745.

[58] 文亮. 商业模式与企业绩效及其影响因素关系研究 [D]. 长沙: 中南大学, 2011.

[59] 翁君奕. 介观商务模式管理领域的 "纳米" 研究 [J]. 中国经济问题, 2004 (1): 34 - 40.

[60] 吴超, 饶佳艺, 乔晗, 等. 基于社群经济的自媒体商业模式创新——"逻辑思维" 案例 [J]. 管理评论, 2017, 29 (4): 255 - 263.

[61] 吴明隆. 问卷统计分析实务——SPSS 操作与应用 [M]. 重

庆：重庆大学出版社，2010.

［62］西格蒙德·弗洛伊德．自我与本我［M］．上海：上海译文出版社，2011.

［63］夏清华，娄汇阳．商业模式刚性：组成结构及其演化机制［J］．中国工业经济，2014（8）：148－160.

［64］项国鹏，杨卓，罗兴武．价值创造视角下的商业模式研究回顾与理论框架构建——基于扎根思想的编码与提炼［J］．外国经济与管理，2014，36（6）：32－41.

［65］杨俊，薛鸿博，牛梦茜．基于双重属性的商业模式构念化与研究框架建议［J］．外国经济与管理，2018，40（4）：96－109.

［66］杨雪，刘成，何玉成．动态能力视角下商业模式创新对企业绩效的作用机制研究——以制造业上市公司为例［J］．工业技术经济，2019（2）：120－128.

［67］杨卓尔，高山行，曾楠．战略柔性对探索性创新与应用性创新的影响——环境不确定性的调节作用［J］．科研管理，2016，37（1）：1－10.

［68］叶利生．企业竞争优势：商业模式和三维评价模型［J］．生产力研究，2008（23）：146－148.

［69］原磊．国外商业模式理论研究评介［J］．外国经济与管理，2007，29（10）：17－25.

［70］张承龙．科技型企业网络嵌入、商业模式与绩效研究［D］．武汉：武汉大学，2013.

［71］张晓玲，戴麒麟，葛沪飞．商业模式基本特性、异质特性与企业经营绩效——基于双重中介模型的检验［J］．华东经济管理，2017，31（8）：139－145.

［72］张晓玲，葛沪飞，赵毅，等．典型商业模式特性量表开发与效度验证研究［J］．科学学与科学技术管理，2015，36（3）：56－66.

［73］张晓玲，罗倩．商业模式中客户价值主张生成的典型类型、

障碍研究［J］.东南大学学报（哲学社会科学版），2011（3）：58 – 63.

［74］张晓玲，蒲云峤，葛沪飞.合作与创新：中小企业商业模式典型特性与其绩效间关系研究［J］.科技管理研究，2017，37（17）：233 – 238.

［75］张学睦，高月月.基于 WOS 数据库的动态能力文献计量分析［J］.生产力研究，2020（12）：130 – 139.

［76］郑明赋.价值网络视角下商业模式创新的行为主体关系研究［J］.现代管理科学，2018，299（2）：39 – 41.

［77］周农建，余跃进.价值理论的演变与价值逻辑的提出［J］.求索，1995（5）：54 – 58.

［78］周晓东，项保华.复杂动态环境、动态及战略与环境的匹配关系［J］.经济管理，2003（20）：12 – 18.

［79］周湧，汪寿阳，何静，等.商业模式对企业绩效的影响机理与实证研究——基于商业生态系统视角［J］.数学的实践与认识，2018，48（12）：119 – 128.

［80］朱明洋，李晨曦，曾国军.商业模式价值逻辑的要素、框架及演化研究：回顾与展望［J］.科技进步与对策，2021，38（1）：149 – 160.

［81］竺琦.轻资产商业模式与企业绩效——基于战略性新兴产业上市公司［J］.绿色财会，2018（4）：29 – 36.

［82］邹国庆，尹雪婷.商业模式设计与技术创新战略对企业绩效的协同效应［J］.吉林大学社会科学学报，2019，59（4）：30 – 38，219.

［83］Adner，R.，Kapoor，R. Value Creation in Innovation Ecosystems：How the Structure of Technological Interdependence Affects Firm Performance in New Technology Generations［J］. Strategic Management Journal，2010，30（3）：306 – 333.

［84］Afuah，A.，Tucci，C. Internet Business Models and Strategies：

Text and Cases [M]. McGraw-Hill/Irwin, 2001.

[85] Al-Debei, M. M., Avison, D. Business Model Requirements and Challenges in the Mobile Telecommunication Sector [J]. Routledge, 2011 (2): 215 –235.

[86] Al-Debei, M. M., Avison, D. Developing a Unified Framework of the Business Model Concept [J]. European Journal of Information Systems, 2010 (19): 359 –376.

[87] Alegre, J., Chiva, R. Assessing the Impact of Organizational Learning Capability on Product Innovation Performance: An Empirical Test [J]. Technovation, 2008, 28 (6): 315 –326.

[88] Ambrosini, V., Bowman, C. What are Dynamic Capabilities and are They a Useful Construct in Strategic Management [J]. Wiley, 2009, 11 (1): 29 –49.

[89] Amit, R. & Zott, C. Value Creation in E-business [J]. Strategic Management Journal, 2001 (22): 493 –520.

[90] Amit, R., Zott, C. Creating Value Through Business Model Innovation [J]. MIT Sloan Management Review, 2012, 53 (3): 41 –49.

[91] Anderson, J. C., Gerbing, D. W. Structural Equation Modeling in Practice: A Review and Preferences [J]. Journal of Consumer Research, 1988, 27 (2): 233 –248.

[92] Applegate, L. M. E-business Models: Making Sense of the Internet Business Landscape [M]. Bergen: Prentice Hall, 2000.

[93] Aspara, J., Lamberg, J. A. & Laukia, A. et al. Corporate Business Model Transformation and Inter-organizational Cognition: The Case of Nokia [J]. Long Range Planning, 2013, 46 (6): 459 –74.

[94] Augier, M., Teece, D. J. Dynamic Capabilities and Multinational Enterprise: Penrosean Insights and Omissions [J]. Management International Review, 2007, 47 (2): 175 –192.

［95］ Azadegan, A. , Patel, P. C. & Zangoueinezhad, A. et al. The Effect of Environmental Complexity and Environmental Dynamism on Lean Practices［J］. Journal of Operations Management, 2013, 31（4）: 193 – 212.

［96］ Baden-Fuller, C. & Morgan, M. S. Business Models as Models［J］. Long Range Planning, 2010（43）: 156 – 171.

［97］ Balboni, B. , Bortoluzzi, G. & Pugliese, R. et al. Business Model Evolution, Contextual Ambidexterity and the Growth Performance of High-tech Strat-ups［J］. Journal of Business Research, 2019（99）: 115 – 124.

［98］ Barney, J. B. Firm Resources and Sustained Competitive Advantage［J］. Advances in Strategic Management, 1991, 17（1）: 3 – 10.

［99］ Baron, R. M. , & Kenny, D. A. The Moderator-mediator Variable Distinction in Social Psychological Research: Conceptual, Strategic, and Statistical Considerations［J］. Journal of Personality and Social Psychology, 1986, 51: 1173 – 1182.

［100］ Barreto, I. Dynamic Capabilities: A Review of Past Research and An Agenda for The Future［J］. Journal of Management, 2010（1）: 256 – 280.

［101］ Baum, J. R. & Wally, S. Strategic Decision Speed and Firm Performance［J］. Strategic Management Journal, 2003, 24（11）: 1107 – 1129.

［102］ Beattie, V. & Smith, S. J. Value Creation and Business Models: Refocusing the Intellectual Capital Debate［J］. The British Accounting Review, 2013, 45（4）: 243 – 254.

［103］ Bellman, R. , Clark, C. E. & Malcolm, D. G. et al. On the Construction of A Multi – Stage, Multi – Person Business Game［J］. Operations Research, 1957, 5（4）: 469 – 503.

[104] Bocken, N. M. P. & Geradts, T. H. J. Barriers and Drivers to Sustainable Business Model Innovation: Organization Design and Dynamic Capabilities [J]. Long Range Planning, 2020 (53): 1 – 23.

[105] Bocken, N. M. P. , Short, S. W. and Ran A. P. et al. A Literature and Practice Review to Develop Sustainable Business Model Archetypes [J]. Journal of Cleaner Production, 2014 (65): 42 – 56.

[106] Bowman, C. , Ambrosini, V. Strategy from an Individual Perspective [J]. European Management Journal, 2000, 18 (2): 207 – 215.

[107] Brandenburger, A. M. , Nalebuff, B. J. Co – Opetition [M]. Australia: Currency Press, 1996.

[108] Brea – Solís, H. , Casadesus – Masanell, R. , and Grifell – Tatjé, E. Business Model Evaluation: Quantifying Walmart's Sources of Advantage [J]. Strategic Entrepreneurship Journal, 2015, 9 (1): 12 – 33.

[109] Brumbrach. Performance Management [M]. London: The Cromwell Press, 1988.

[110] Brush, C. G, Vanderwerf, P. A. A Comparison of Methods and Sources for Obtaining Estimates of New Venture Performance [J]. Journal of Business Venturing, 1992, 7 (2): 157 – 170.

[111] Campbell, J. L. and Lindberg, L. Property Rights and the Organization of Economic Activity by the State [J]. American Sociological Review, 1990, 55 (5): 634 – 647.

[112] Casadesus – Masanell, R. & Ricart, J. Competing Through Business Models [R]. University of Navarra, 2007.

[113] Casadesus – Masanell, R. & Ricart, J. From Strategy to Business Models and onto Tactics [J]. Long Range Planning, 2010, 43 (2 – 3): 195 – 215.

[114] Chesbrough, H. Business Model Innovation: Opportunities and Barriers [J]. Long Range Planning, 2010, 43 (2): 354 – 363.

［115］ Chesbrough, H. W. , Ahern, S. , Finn, M. and Guerraz, S. Business Models for Technology in the Developing World: The Role of Non-governmental Organizations ［J］. California Management Review, 2006, 48 (3): 48 - 61.

［116］ Christensen, C. M. , Bartman, T. , & Van Bever, D. The hard truth about business model innovation ［J］. MIT Sloan Management Review, 2016, 58 (1): 1 - 40.

［117］ Churchill, G. A. A Paradigm for Developing Better Measures of Marketing Constructs ［J］. Journal of Marketing Research, 1979, 16 (1): 64 - 73.

［118］ Covin, J. G, Slevin, D. P. Strategic Management of Small Firms in Hostile and Benign Environments, Strategic Management Journal ［J］. Strategic Management Journal, 1989, 10 (1): 75 - 87.

［119］ Delaney, J. T. , Huselid, M. A. The Impact of Human Resource Management Practices on Perceptions of Organizational Performance ［J］. Academy of Management Journal, 1996, 39 (4): 949 - 969.

［120］ Demil, B. & Lecocq, X. Business Model Evolution: In Search of Dynamic Consistency ［J］. Long Range Planning, 2010 (43): 227 - 246.

［121］ Desarbo, B. , Song M. Revesting the Miles and Snow Strategic Framework: Uncovering Interrelationships Between Strategic Types, Capabilities, Environmental Uncertainty and Firm Performance ［J］. Strategic Management Journal, 2005 (12): 47 - 74.

［122］ Dess, G. G. , Robinson, R. B. Measuring Organizational Performance in the Absence of Objective Measures: The Case of the Privately - Eld Firm and Conglomerate Business Unit ［J］. Strategic Management Journal, 1984, 5: 265 - 273.

［123］ Desyllas, P. , Sako, M. , and Tether, B. Business Model Innovation and IP Protection: Profitable Strategies for Incumbents and Entrants [J]. Academy of Management Annual Meeting Proceedings, 2013 (1): 16200.

[124] Desyllas, P. Salter, A. & Alexy, O. The Breadth of Business Model Reconfiguration and Firm Performance [J]. Strategic Organization, 2020: 1 – 39.

[125] Dobni, C. B., & Luffman, G. Determining the Scope and Impact of Market Orientation Profiles on Strategy Implementation and Performance [J]. Strategic Management Journal, 2003 (24): 577 – 585.

[126] Doganova, L. & Eyquem – Renault, M. What Do Business Models Do: Innovation Devices in Technology Entrepreneurship [J]. Research Policy, 2009, 38 (10): 1559 – 1570.

[127] Donaldson, L. The Contingency Theory of Organizations [M]. Thousand Oaks, CA: Sage Publications, 2001.

[128] Drnevich, P. L., & Kriauciunas, A. P. Clarifying the Conditions and Limits of the Contributions of Ordinary and Dynamic Capabilities to Relative Firm Performance [J]. Strategic Management Journal, 2011, 32 (3): 254 – 279.

[129] Drucker, P. F. The Theory of the Business [J]. Harvard Business Review, 1994, 72 (5): 95 – 104.

[130] Dubosson-Torbay, M., Osterwalder, A. & Pigneur, Y. E-Business Model Design, Classification and Measurements [J]. Thunderbird International Business Review, 2002, 44 (1): 5 – 23.

[131] Dunford, R., Palmer, I. & Benveniste, J. Business Model Replication for Early and Rapid Internationalization [J]. Long Range Planning, 2010, 43 (5/6): 655 – 674.

[132] Easterby-Smith, M., Lyles, M. A. & Peteraf, M. A. Dynamic Capabilities: Current Debates and Future Directions [J]. British Journal of

Management, 2009 (20): 1 – 8.

[133] Easterby-Smith, M., Lyles, M. A. and Peteraf, M. A. Dynamic Capabilities: Current Debates and Future Directions [J]. British Journal of Management, 2009 (20): S1 – S8.

[134] Eisenhardt, K. M., & Martin, J. A. Dynamic Capabilities: What Are They? [J]. Strategic Management Journal, 2000 (22): 1105 – 1121.

[135] Fielt, E. Conceptualizing Business Models: Definitions, Frameworks and Classifications [J]. Journal of Business Models, 2013 (1): 85 – 105.

[136] Fjeldstad, Ø. D., Snow, C. C. Business Models and Organization Design [J]. Long. Range Plan, 2018, 51 (1): 32 – 39.

[137] Foss N J, Saebi T. Fifteen Years of Research on Business Model Innovation: How Far Have We Come, and Where Should We Go? [J]. Journal of Management, 2017, 43 (1): 200 – 227.

[138] Frank, A. G., Cortimiglia, M. N. and Ghezzi, A. Business Model Innovation and Strategy Making Nexus: Evidence from a Cross-industry Mixed-methods Study [J]. Research & Development Management, 2016 (2): 1 – 19.

[139] Giesen, E., Riddleberger, E. & Christner, R. et al. When and How to Innovate Your Business Model [J]. Strategy & Leadership, 2010, 38 (4): 17 – 26.

[140] Gronum, S., Steen, J. & Verreynne, M. Business Model Design and Innovation: Unlocking the Performance Benefits of Innovation [J]. Australian Journal of Management, 2015 (8): 1 – 21.

[141] Gulati, R., Nohria, N., and Zaheer, A. Strategic Networks [J]. Strategic Management Journal, 2000, 21: 203 – 215.

[142] Hamel, G. Lead the Revolution [M]. Harvard Business School

Press, 2000.

[143] Harreld, J. B., Oeilly, C. A., and Tushman, M. L. Dynamic Capabilities at IBM: Driving Strategy into Action California Management Review [Z]. Working paper, 2007.

[144] Hawkins, R. The Phantom of the Marketplace: Searching for New E-commerce Business Models [J]. Communications & Strategy Quarter, 2002: 297 – 329.

[145] Hedman, J. & Kalling, T. The Business Model Concept: Theoretical Underpinnings and Empirical Illustrations [J]. European Journal of Information Systems, 2003 (12): 49 – 59.

[146] Helfat, C. E., Finkelstein, S. & Mitchell, W. et al. Dynamic Capabilities: Understanding Strategic Change in Organizations [M]. London: Blackwell, 2007.

[147] Høgevold, N. M. A Corporate Effort towards a Sustainable Business Model: A Case Study from the Norwegian Furniture Industry [J]. European Business Review, 2011, 23 (4): 392 – 400.

[148] Hope, A. Sustainable Business Model Design: A Review of Tools for Developing Responsible Business Models [M]. Cham: Springer, 2018.

[149] Horowitz, A. S. The Real Value of Vars: Resellers Lead a Movement to a New Service and Support [J]. Marketing Computing, 1996 (4): 31 – 36.

[150] Huelsbeck, D. P., Merchant, K. A. & Sandino, T. On Testing Business Models [J]. The Accounting Reviews, 2011, 86 (5): 1631 – 1654.

[151] Hutchinson, A. et al. An Assessment of the Early Stages of a Sustainable Business Model in the Canadian Fast Food Industry [J]. European Business Review, 2012, 24 (6): 519 – 531.

［152］IBM. Paths to Success: Three Ways to Innovate Your Business Model ［R/OL］. https://www. emerald. com/insight/content/doi/10. 1108/10878570710833732/full/html 2020 - 12 - 12.

［153］Itami, H. & Nishino, K. Killing Two Birds with One Stone—Profit for Now and Learning for the Future ［J］. Organization Science, 2007 (18): 364 - 369.

［154］Iyer, B. , Davenport, T. H. Reverse Engineering Google's Innovation Machine ［J］. Harvard business review, 2008, 86 (4): 59 - 68.

［155］Jackson, S. E. , Murphy, P. Managing Work-Role Performance: Challenges for 21st Century Organizations and Employees ［M］. San Francisco: Jossey-Bass, 1999.

［156］Jaworski, B. J. & Kohli, A. K. Market Orientation: Antecedents and Consequences ［J］. The Journal of Marketing, 1993, 57 (7): 53 - 70.

［157］Johnson, M. W. Christensen, C. and Hagermann, K. Reinventing Your Business Model ［J］. Harvard Business Review, 2008, 86 (11): 50 - 59.

［158］Jones, G. M. Educators, Electrons, and Business Models: A Problem in Synthesis ［J］. Accounting Review, 1960, 42 (4): 619 - 626.

［159］Kane, K. F. Situational Factors and Performance: An Overview ［J］. Human Resource Management Review, 1993, 3 (2): 83 - 103.

［160］Kim, B. G. , Jeon, N. J. & Leem, C. S. A Business Model Feasibility Analysis Framework in Ubiquitous Technology Environments ［J］. International Conference on Convergence Information Technology, 2007: 36 - 42.

［161］Koo, C. , Song, J. & Kim, Y. J. et al. Do E-business Strategies Matter? The Antecedents and Relationship with Firm Performance ［J］. Information System Front, 2007 (9): 283 - 296.

［162］ Lankshorst, M. Enterprise Architecture at Work: Modelling, Communication and Analysis ［M］. Springer, 2017.

［163］ Lüdeke-Freund, F. Towards a Conceptual Framework of Business Models for Sustainability ［C］. ERSCP – EMU Conference, Delft, The Netherlands, 2010: 1 – 28.

［164］ Lepak, D. P. , Smith, K. G. & Taylor, M. S. Value Creation and Value Capture: A Multilevel Perspective ［J］. Academy of Management Review, 2007, 32 (1): 180 – 194.

［165］ Li, D. Y. , Liu, J. Dynamic Capabilities, Environmental Dynamism, and Competitive Advantage: Evidence from China ［J］. Journal of Business Research, 2014, 67 (1): 2793 – 2799.

［166］ Li, Y. R. The Technological Roadmap of Cisco's Business Ecosystem ［J］. Technovation, 2009, 29 (5): 379 – 386.

［167］ Linder J, Cantrell S. Changing Business Models: Surveying the Landscape ［R］. MA: Accenture Institute for Strategic Change, 2000.

［168］ Livingstone, L. P. , Nelson, D. L. , and Barr, S. H. Person-environment Fit and Creativity: An Examination of Supply-value and Demand-ability Versions of Fit ［J］. Journal of Management, 1997, 23 (2): 119 – 146.

［169］ MacKenzie, S. B. , Podsakoff, P. M. and Podsakoff, N. P. Construct Measurement and Validation Procedures in MIS and Behavioral Research: Integrating New and Existing Techniques ［J］. MIS Quarterly, 2011, 35 (2): 293 – 334.

［170］ Magretta, J. Why Business Models Matter ［J］. Harvard Business Review, 2002, 80 (5): 86 – 92.

［171］ Mahadevan, B. Business Models for Internet-based E-commerce: An Anatomy ［J］. California Management Review, 2000, 42 (4): 55 – 69.

［172］ Makadok, R. , & Coff, R. The Theory of Value and the Value of Theory: Breaking New Ground Versus Reinventing the Wheel ［J］. Academy of Management Review, 2002 (27): 10 –13.

［173］ Makkonen, H. , Pohjola, M. , and Olkkonen, R. et al. Dynamic capabilities and firm performance in a financial crisis ［J］. Journal of Business Research, 2014, 67 (1): 2707 –2719.

［174］ Malmström, M. , Johansson, J. & Wincent, J. Cognitive Constructions of Low-profit and High-profit Business Models: A Repertory Grid Study of Serial Entrepreneurs ［J］. Entrepreneurship Theory and Practice, 2015, 39 (5): 1083 –1109.

［175］ Martins, L. L. , Rindova, V. P. & Greenbaum, B. E. Unlocking the Hidden Value of Concepts: A Cognitive Approach to Business Model Innovation ［J］. Strategic Entrepreneurship, 2015 (9): 99 –117.

［176］ Massa, L. , Tucci, C. L. & Afuah, A. A Critical Assessment of Business Model Research ［J］. Academic Management Annual, 2017, 11 (1): 73 –104.

［177］ Miller, D. & Friesen, P. H. Strategy-making and Environment: The Third Link ［J］. Strategic Management Journal, 1983 (4): 221 –235.

［178］ Milliken, F, J. Three Types of Perceived Uncertainty About the Environment: State, Effect, and ResponseUncertainty. ［J］. Academy of Management Review, 1987, 12 (1): 133 –143.

［179］ Morris, M. , Schindehutte, M. & Allen, J. The Entrepreneur's Business Model: Toward a Unified Perspective ［J］. Journal of Business Research, 2005, 8 (6): 726 –735.

［180］ Morris, M. , Shirokova, G. & Shatalov, A. The Business Model and Firm Performance: The Case of Russian Food Service Ventures ［J］. Journal of Small Business Management, 2013, 5 (1): 46 –65.

［181］ Nenonen, S, Storbacka, K. Business Model Design: Conceptualizing Networked Value Co-creation [J]. International Journal of Quality and Service Sciences, 2010, 2 (1): 43 – 59.

[182] Nielsen, C., Lund, M. An Introduction to Business Models [J]. Social Science Electronic Publishing, 2014 (3): 1 – 13.

[183] Nunnally, J. C. Psychometric Theory (2nd ed.) [M]. New York: McGraw-Hill, 1978.

[184] Oktemgil, M., Greenley, G. Consequences of High and Low Adaptive Capability in UK Companies [J]. European Journal of Marketing, 1997, 31 (7): 445 – 466.

[185] Osterwalder, A., Pigneur, Y. & Tucci, C. L. Clarifying Business Models: Origins, Present, and Future of the Concept [J]. Communications of the Association for Information Systems, 2005, 6 (16): 1 – 25.

[186] Osterwalder, A., Pigneur, Y. Business Model Generation. A Handbook for Visionaries, Game Changers, and Challengers [M]. Hoboken, New Jersey: Wiley, 2010.

[187] Pati. R. K., Nandakumar M. K. & Ghobadian, A. et al. Business Model Design—Performance Relationship under External and Internal Contingencies: Evidence from SMEs in an Emerging Economy [J]. Long Range Planning, 2018, 51 (5): 750 – 769.

[188] Patzelt, H., Knyphausen-Aufse, D. Z., and Nikol, P. Top Management Teams, Business Models, and Performance of Biotechnology Ventures: An Upper Echelon Perspective * [J]. British Journal of Management, 2008, 19 (3): 205 – 221.

[189] Pavlou, P. A. & Sawy, O. A. E. I. Understanding the Elusive Black Box of Dynamic Capabilities [J]. Decision Sciences, 2011, 42 (1): 239 – 273.

[190] Porter, M. E. Technology and Competitive Advantage [J]. Journal of Business Strategy, 1985, 5 (3): 60 – 78.

［191］Prahalad，C. K. ，Ramaswamy，V. Co-creating Unique Value with Customers［J］. Strategy & Leadership，2004，32（3）：4 –9.

［192］Prahalad，C. K. and Hamel，G. The Core Competence of the Corporation［J］. Harvard Business Review，1990，68（3）：79 –91.

［193］Protogerou，A. ，Caloghirou，Y. ，and Lioukas，S. Dynamic capabilities and their indirect impact on firm performance［J］. Druid Working Papers，2012，21（8 –11）：615 –647.

［194］Rappa，M. The Utility Business Model and the Future of Computing Services［J］. IBM Systems Journal，2004，43（1）：32 –42.

［195］Richardson，J. The Business Model：An Integrative Framework for Strategy Execution［J］. Strategic Change. 2008，17（5/6）：133 –144.

［196］Rindova，V. and Kotha，S. Continuous Morphing：Competing through Dynamic Capabilities，Form，and Function［J］. The Academy of Management Journal. 2001，44（6）：1263 –1280.

［197］Ritala，P. ，Huotari，P. ，Bocken，N. ，Albareda，L. ，Puumalainen，K. Sustainable Business Model Adoption Among S&P 500 Firms：A Longitudinal Content Analysis Study［J］. J. Clean. Prod，2018（170）：216 –226.

［198］Schilke，Oliver. Second-Order Dynamic Capabilities：How Do They Matter？［J］. Academy of Management Perspectives，2014，28（4）：368 –380.

［199］Schrauder，S. ，Kock，A. & Baccarella，C. et al. Takin'Care of Business Models：The Impact of Business Model Evaluation on Front-End Success［J］. Prod Innov Manag，2018，35（3）：410 –426.

［200］Schweizer，L. Concept and Evolution of Business Models［J］. Journal of General Management，2005，31（2）：37 –56.

［201］Shafer，S. M. Smith，H. and Linder，J. The Power of Business Models［J］. Business Horizons，2005，48（3）：199 –207.

[202] Slywotzky, A. J. & Morrison, D. J. The Profit Zone: How Strategic Business Design Will Lead You to Tomorrow's Profits [M]. Times Business – Random House, New York, 1997.

[203] Sohl, T., Vroom, G. & McCann, B. T. Business Model diversification and Firm Performance: A Demand-side Perspective [J]. Strategic Entrepreneurship Journal, 2020 (1): 198 – 223.

[204] Sorescu A, Frambach R T & Sigh J et al. Innovations in Retail Business Models [J]. Journal of Retailling, 2011, 87 (1): 3 – 16.

[205] Sosna, M., Trevinyo – Rodríguez, R. N. & Velamuri, S. R. Business Model Innovation Through Trial – and – Error Learning: The Naturhouse Case [J]. Long Range Plan. 2010, 43 (2), 383 – 407.

[206] Stewart, D. W., Zhao, Q. Internet Marketing, Business Models, and Public Policy [J]. Journal of Public Policy & Marketing, 2000, 19 (3): 287 – 296.

[207] Stubbs, W. & Cocklin, C. Conceptualizing a "Sustainability Business Model" [J]. Organization & Environment, 2008 (21): 103 – 127.

[208] Taran, Y., Boer, H. & Lindgren, P. A Business Model Innovation Typology [J]. Decision Sciences, 2015, 46 (2): 301 – 331.

[209] Teece, D. J, Pisano, G. & Shuen, A. Dynamic Capabilities and Strategic Management [J]. Strategic Management Journal, 1997, 18 (7): 509 – 533.

[210] Teece, D. J. Business Models, Business Strategy and Innovation [J]. Long Range Planning, 2010, 43 (2/3): 172 – 194.

[211] Teece, D. J. Business Models and Dynamic Capabilities [J]. Long Range Planning, 2018 (51): 40 – 49.

[212] Thomas, R. Business Value Analysis: Coping with Unruly Uncertainty [J]. Strategy & Leadersip, 2001, 29 (2): 16 – 24.

[213] Timmers, P. Business Models for Electronic Markets [J]. Elec-

tronic Markets, 1998, 8 (2): 3 – 8.

[214] Viscio, A. J. & Pasternack, B. A. Toward a New Business Model [J]. Strategy and Business, 1996, 20 (2): 307.

[215] Wang, C. L., Ahmed, P. K. Dynamic Capabilities: A Review and Research Agenda [J]. International Journal of Management Reviews, 2007, 9 (1): 31 – 51.

[216] Wang, D. X., Tsui, A. S. & Zhang, Y. X. et al. Employment Relationships and Firm Performance: Evidence from an Emerging Economy [J]. Journal of Organization Behavior, 2003 (24): 28 – 39.

[217] Wei, Z. L., Song X. & Wang D. Manufacturing Flexibility, Business Model Design, and Firm Performance [J]. International Journal of Production Economics, 2017 (193): 87 – 97.

[218] Weill, P. & Malone, T. W. Do Some Business Models Perform Better than Others? A Study of the 1000 Largest US Firms [Z]. MIT Sloan School of Management, Working paper, 2005.

[219] Werani, T., Freiseisen, B. & Martinek-Kuchinka, P. et al. How Should Successful Business Models be Configured? Results from an Empirical Study in Business-to-business Markets and Implications for the Change of Business Models [J]. Business Economics, 2016, 86 (6): 579 – 609.

[220] Wiklund, J., Shepherd, D. Entrepreneurial Orientation and Small Business Performance: A Configurational Approach [J]. Journal of Business Venturing, 2005, 20 (1): 71 – 91.

[221] Wilden, R., Gudergan, S. P. The Impact of Dynamic Capabilities on Operational Marketing and Technological Capabilities: Investigating the Role of Environmental Turbulence [J]. Journal of the Academy of Marketing Science, 2015, 43 (2): 181 – 199.

[222] Wilhelm, H., Schlomer, M., Maurer, I. How Dynamic Ca-

pabilities Affect the Effectiveness and Efficiency of Operating Routines under High and Low Levels of Environmental Dynamism [J]. British Journal of Management, 2015, 26 (2): 327 – 345.

[223] Williamson, O. E. Transaction Cost Economics [M]. Elsevier B. V. 1989.

[224] Winter, S. G. Understanding dynamic capabilities [J]. Strategic Management Journal, 2003, 24 (10): 991 – 995.

[225] Wirtz, B. W., Pistoia, A. & Ullrich, S. et al. Business Models: Origin, Development and Future Research Perspectives [J]. Long Range Planning, 2016, 49 (1): 36 – 54.

[226] Wirtz, B. W., Schilke, O. & Ullrich, S. Strategic Development of Business Models: Implications of the Web 2.0 for Creating Value [J]. Long Range Planning, 2010, 43 (2): 72 – 90.

[227] Yunus, M., Moingeon, B. & Lehmann – Ortega, L. Building Social Business Models: Lessons from the Grameen Experience [J]. Long Range Planning, 2010, 43 (2 – 3): 308 – 325.

[228] Zahra, S. A., Sapienza, H. J., & Davidsson, P. Entrepreneurship and Dynamic Capabilities: A Review, Model and Research Agenda [J]. Journal of Management Studies, 2006 (43): 917 – 955.

[229] Zhou, K. Z. Tse, D. K. & Li, J. J. Organizational Changes in Emerging Economies: Drivers and Consequences [J]. Journal of International Business Studies, 2006, 37 (2): 248 – 263.

[230] Zollo, M., Winter, S. G. Deliberate Learning and the Evolution of Dynamic Capabilities [J]. Organization Science, 2002, 13 (3): 339 – 351.

[231] Zott, C. & Amit, R. Business Model Design: An Activity System Perspective [J]. Long Range Planning, 2010 (43): 216 – 226.

[232] Zott, C. & Amit, R. Business Model Design and the Perform-

ance of Entrepreneurial Firms ［J］. Organization Science，2007（18）：181 – 199.

［233］Zott，C.，Amit，R. & Massa，L. The Business Model. Recent Developments and Future Research ［J］. Management，2011，37（4）：1019 – 1042.

［234］Zott，C.，Amit，R. The Fit between Product Market Strategy and Business Model：Implications for Firm Performance ［J］. Strategic Management Journal，2008，29（1）：1 – 26.

［235］Zott，C. Dynamic Capabilities and the Emergence of Interindustry Differential Firm Performance：Insights from a Simulation Study ［J］. Strategic Management Journal，2003，24（2）：97 – 125.